Adam Oehlenschläger

Yrsa

Eine Tragödie

Adam Oehlenschläger

Yrsa
Eine Tragödie

ISBN/EAN: 9783744638906

Hergestellt in Europa, USA, Kanada, Australien, Japan

Cover: Foto ©ninafisch / pixelio.de

Weitere Bücher finden Sie auf **www.hansebooks.com**

König Helge.

Eine Nordlands-Sage

von

A. Oehlenschläger.

Uebersetzt

von

Gottfried von Leinburg.

II.

Yrsa.

Berlin.
Allgemeine Deutsche Verlags-Anstalt.
Sigismund Wolff.
1869.

Yrsa.

Eine Tragödie

von

A. Oehlenschläger.

Uebersetzt

von

Gottfried von Leinburg.

Berlin.
Allgemeine Deutsche Verlags-Anstalt.
Sigismund Wolff.
1869.

Yrsa.

Eine Tragödie.

Personen.

König Helge.
Oluf, Königin von Sachsland.
Yrsa, Helges und Olufs Tochter.
Folkwar, Yrsas Pflegevater.
Reigin, Helges Freund und Gefährte.
Schilflieb.
Freia.
Chor der Meerfrauen.
Kämpen des Königs Helge.
Herolde und weibliches Gefolge der Königin.

Der Schauplatz des Dramas ist eine waldige Bucht,
Eichen und Buchen im Vorder= und dem Meer im Hintergr
Auf einem schroff in die See hinaushängenden Felsen erblickt
das Schloß Olufs mit seinen rohen (angelsächsischen) Ma
und Thürmen; nächst dem Strande, hinter Gebüsch und Gestr
eine Höhle.

Königin Oluf
(tritt auf).

Mit Angst und Grauen nah' ich mich, mit leisem Tritt,
Der dunkeln Höhle dieses Waldes, die ich nun
In sechzehn langen Jahren nicht mehr wiedersah;
Wo mich die Meerfrau damals, mich, die schon dem Tod
Anheimgegebne, diesem Leben wiedergab;
Wo sie die Frucht von Olufs und von Helges Schimpf
Aus meinen schwachen Armen riß, und dann das Kind
In Hut und Pflege jenem Fischer übergab.
Geheimer Schimpf ist darum doch nicht minder Schimpf
Und färbt mit dunkelm Mohnblut Stirn und Wangen roth,
So oft die Sele wieder schamvoll dran gedenkt. —
In dieser Waldschlucht, ja, in dieser Höhle war's,
Wo ich der argen Meerfrau damals schwor den Eid,
Zu hassen jenen Helge: — grimm die Bastardsfrucht
Zu hassen dieses Leibes, und das Rächeramt
Ihr selbst zu lassen. — Sechzehn Frühlinge bereits
Entflohn mir freudlos jetzt und leer, wiewohl noch stolz
Um meine Lenden rauscht das seidene Gewand,
Wiewohl der Stahl den Busen hell mir noch umblinkt
Und meine Schläfe noch die goldene Krone kränzt. —
Ach, gleich dem Adler des Gebirgs, der stolz sich fühlt
Den König seines Forsts, und der voll Freiheitslust
Hinaus sich schwingt von seines Horstes Alpenhöhn,

Und hoch und kühn die grünen Wälder überfliegt
Und längs der Küste fröhlich folgt der edeln Jagd: —
So stürmten im Gefühle jungen Glückes einst
Auch Olufs stolze Flügel muthig in den Kampf; —
Jetzt senkt sie still zur Erde niederwärts den Flug,
Und bangen macht mich dieses Stelldichein zumal.
Ein Meermann pochte letzte Nacht mir an die Thür: —
Ich sah hinaus, und sah ihn stehn im Mondenlicht
Meergrünen Barts und halben Leibes unter'm Schilf.
Der gab mir eine Muschel, voll von Blut, und sprach:
„Frau Schilflieb ladt zur Höhle dich, bevor die Nacht
Des morgigen Tags hereinbricht." — Dunkel wölbt das Dach
Sich dieser Höhle, schauervoll wie Helheims Grund;
Mir ahnt nichts Gutes; schwefelblau mit donnerndem
Getös durchzuckt's die Felsen und die Erde bebt.
Dort kommt sie. — Ha, ich kenne diesen wilden Blick!
Ja käme sie wie vormals, lieblich anzusehn,
Und nicht als halbe Schlange, deren Mißgestalt
Dem menschlichen Auge Grauen macht! — Da ist sie schon!
Wie schön sie ist! — Doch wohnt ihr Falschheit in der Brust,
Und wohlbedacht zu bergen sucht sie unter'm Glanz
Des Silberschleiers und der Blüthenpracht des Schilfs,
Der üpp'gen, ihr unheimlich grünes Nixenhaar.

Schilflieb
(tritt auf).

Willkommen, meine Fürstin! Treff' ich dich einmal?
Wie blaß du bist! Hat dich die Abendluft gebleicht?

Oluf.

Vor himmlischem Glanz erbleichen Menschenwangen leicht.

Schilflieb.
Die Königin der Wogen ist so glanzvoll nicht:
Mit Höflichkeit entschuldigst du die Scheu vor mir.

Oluf.
Mein Bangen ist natürlich. Halt' es mir zu gut!

Schilflieb.
Willkomm'ner war ich, als ich dir den Dolch entriß
Und durch die Fluth nach meinem Perlenschloß dich trug.

Oluf.
Erinn're mich nicht so an meine Pflicht! — Ich weiß,
Du Mächtige, was du zu meinem Wohl gethan.

Schilflieb.
In sechzehn Lenzen mahnt' ich dich nicht mehr daran,
Ich ließ dich meines Werkes sechzehn Jahre freu'n:
So laß auch mich die Frucht nun deines Dankes sehn!

Oluf.
Ich bin und bleibe deine Schuldnerin.

Schilflieb.
Gedenkst
Du noch des mir geschwornen Eides?

Oluf.
Ja, mit Grau'n.

Schilflieb.
Ich ritzte dir mit einem scharfen Pfeil die Brust;
Da tauchtest du ins Blut den Finger und bestrichst
Dir selbst die Augenlider, mit dem Schwur, daß Nacht,
Daß ewige Nacht dein Auge decken möge, wenn
Du jemals nicht gehorchtest meines Munds Geheiß.

Oluf.
Ich schwor, zu rächen dich und mich an Halfdans Sohn.

Schilflieb.
Zu hassen schworst du dein und Helges Bastardkind.

Oluf.
Unnöthig war der Eidschwur, denn ich haßt' es so.

Schilflieb.
Du hast's bis jetzt durch keine That gezeigt. Dein Haß,
Er war bis jetzt ein träges Saatkorn blos. Wohlan!
Ich weiß es ja, ein Samenkorn kann manches Jahr
Im Schooß der Erde liegen, todt und unfruchtbar,
Bis Feuchtigkeit benetzt es, und der Frühlingsstrahl
Es weckt mit seinem flüssigen Gold: — dann treibt und sproßt's.
Da bin ich denn! Der Regen netzt den schlummernden Keim:
Laß treiben ihn und blühen nun zum Licht empor!

Oluf.
Was soll ich?

Schilflieb.
Deine Tochter wieder einmal sehn.

Oluf.

Grausame!

Schilflieb.

Nicht doch. Ahnungslos und glücklich lebt
Dein Kind am Herzen einer reizenden Natur.

Oluf.

Als eine Bäuerin.

Schilflieb.

Bei jenem Fischer, ja,
Der sie wie eine Blume pflegt und schützt. Das Glück
Fragt keines Stammbaums Glanze, keinem Range nach,
Und Wald und Meer, ihr Garten und ihr Muschelstrand
Freu'n mehr vielleicht ihr junges, kindliches Gemüth,
Als dich die Perlen deiner Krone. — Hör mich an: —
Ich will, daß deine Yrsa du zu dir berufst.

Oluf.

Ich soll ihr sagen? . . . . —

Schilflieb.

Fürchte Nichts! Als Sklavin blos
Rufst du an deinen Hof sie her; es steht dir frei,
Als Magd sie zu behandeln, und ihr wehzuthun
Mit Worten und Geberden. Hüte dich indeß,
Der Lieblichen zu schaden, und ein Blüthenblatt
Der Lilie zu rauben.

Oluf.

Ist sie denn so schön?

Schilflieb.

So schön wie Helge, als der Jüngling dich verrieth.

Oluf.

Verhaßtes Bild!

Schilflieb.

Noch einmal also, thu' ihr nichts;
Denn wenn mein Schicksalsrabe wahr geweissagt, wird
Gerade sie dich rächen, niederschlagender
Und schrecklicher als jemals mit Gewalt und List
Wir selber es im Stande wären.

Oluf.

Wie die Nacht
So räthselhaft und dunkel ist dein Wort fürwahr.

Schilflieb.

Bald hebt der Tag den Schleier dieses Räthsels auf.

Oluf.

So will ich gehn und einen meiner Knechte zu
Der Unglückseligen senden.

Schilflieb.

Bleib! Es ist bereits
Geschehn. Schon wandeln Ursa und der Fischergreis,

Der treue Folkwar, dorten durch's Gehölz herau
Den Weg zu deinem Schloßhof. Laß den Redlichen
Der Pflegetochter Lebewohl nun sagen und
Dann wieder gehn dem Frieden seiner Heimath zu.
S i e bleibt zurück an deinem Hofe.

Oluf.

Wohl! — Und dann?

Schilflieb.

Für's Uebrige laß das blinde Schicksal sorgen. Nur
Verrathe dich mit keinem Wort, und deines Schwurs
Vergiß mir nicht!

Oluf.

Bei'm mächt'gen Thor! Das schwör' ich dir.

Schilflieb.

Im Mondenglanz der letzten Nacht gewahrt' ich still,
Wie König Helges Drache herschwamm durch die Fluth
Mit goldenen Masten und Seidensegeln. — Klopft der Held
Als Gast an deine Pforte, dann, — versprich mir das,
O Königin! — Thu' freundlich gegen ihn, und was
Er will von dir, und was er sich von dir erfleht,
Gewähr' es ihm und gib's ihm.

Oluf.

Unbegreifliche!

Schilflieb.

Man kann den Aar nicht fangen während seines Flugs,

Doch eine Schlinge legen kann man ihm mit List.
Geräth er da hinein, so ist er unser.

Oluf.

O
Du Königin der Wogen! Räche du mich jetzt!

Schilflieb.

Bitt' mich nicht so! — Sei du im Rache-Augenblick
Nur ehr'nen Muths!

Oluf.

Wer sah mich jemals zagen?

Schilflieb.

Schau,
Der Will' ist eine Macht und deine Wahl ist frei.
Das ist das hohe Recht der Sterblichen, und ich
Vermag darüber nichts; nun thu', was dir beliebt.
Was ich dir Gutes that indeß und Liebes, kann
Auch wieder ungescheh'n ich machen: — daß die Luft
Des Frühlings deine Wangen noch umschmeichelt, daß
Dir lieblich noch das Leben blüht, und daß der Glanz
Dich noch umstrahlt holdselig reinen Magdthums: — mir
Verdankst du es. — Vergißt du deines Eids, wohlan,
Dann treibst du hilflos wieder durch die Salzfluth hin,
In die du selbst hinabsprangst. — Schwerlich möchte dir
Jedoch mein Schloß dann blauen unter'm Meer, und Ran
Wird dich hinunterziehen in die Nacht der Hel.
Von Strand zu Strande fliegen werden eilends dann
Der Hohn und das Gelächter; Olufs Name geht,

im Spott der Thoren, unter, und ihr bleichendes
Gebein selbst hackt der Adler blutig an der See.

      Oluf.
schone meiner!

     Schilflieb.

Jetzt will ich dich schonen, ja;
doch brächst du mir den Eidschwur: — keine Macht der Welt,
icht Odins heilige Allmacht schützte dich vor mir.

      Oluf.
Wohlan, so nimm zum Pfande meine Rechte!

     Schilflieb.
         Topp,
Da ist die meine, Königin!

      Oluf.
     Ha, wie kalt du bist!

     Schilflieb.
So kalt wie du, als Helge deinen Hohn erfuhr.

(Sie begibt sich wieder ins Innere der Höhle zurück. Die Königin geht dem
      Schlosse zu.)

(Folkwar und Yrsa kommen aus dem Walde heraus.)

      Yrsa.
O schau, wie stolz da droben von dem Felsgestad
Das Schloß mit seinen Thürmen glänzt ins Meer hinaus!
Yrsa.

Folkwar.
So freut's dich, zu erschauen Olufs Königsburg?

Yrsa.
So hell im Glanz des Abends blinkt der Thürme Gold.

Folkwar.
Hat denn der Weg nicht müde dich gemacht, mein Kind?

Yrsa.
Wie wär's denn möglich? — Saß ich doch so sanft und g[ut]
Im wölbigen Schooß des Korbes, welchen deine Huld
Mir flocht von grünen Weiden! Ach, und schlief ich doch
So süß auf meinen Polstern, während leisen und
Gelass'nen Gangs die Ochsen durch die Mondennacht
Mich zogen auf den flücht'gen Rädern. — Doch daß du
Nicht matt dich fühlst und müde, der du Schritt für Schri[tt]
Zu Fuße nebenher gingst, und das Rinderpaar
Antriebst mit deinem Wanderstab, das wundert mich.

Folkwar.
Leicht ist die Fahrt mit einem solchen Schiff. Der Wald
Hat keinen Sturm und keinen wilden Wogenschlag,
Und herzlich dankt' ich's Aegir'n, hätt' ich nie des Nachts
Mehr Noth gehabt und Arbeit, meinen kleinen Kahn
Zurückzulenken wieder nach der Heimathbucht.

Yrsa.
Ich bin ein junges, frisches Blut und trüge nicht,
Worüber du im Schneeglanz deiner Jahre lachst.

Folkwar.

Mit einer Eiche messe sich die Rose nicht!
Du bist zur zarten Jungfrau jetzt erblüht; dein still
Heranblühn, deiner Unschuld lieblich holder Schmelz
War meine Lust und meine Freude; schau, und ist
Dir gleich zu eigen worden dieses arme Loos,
So sucht' ich doch zu schonen deine Schönheit stets,
Und weiß ist deiner Arme Pracht, und gleich dem Schnee
Von Olufs Lilienhänden sind die deinigen.

Yrsa.

Sprich, lieber Vater! Was bewog die Königin
Zu diesem sonderbaren Machtgebot? Warum
Vom fernen Thal herüber ruft ihr stolzes Wort
Mich an den Hof?

Folkwar.

    Ich weiß es nicht; indeß mir ahnt
Nichts Gutes und ich fürchte, mein geliebtes Kind,
Daß dieser Tag uns Beiden schmerzlich enden, und
Uns von einander scheiden wird.

Yrsa.

    Ha, welche Macht
Der Welt kann scheiden jemals die sich Liebenden?

Folkwar.

Die Herzen kann nichts scheiden, Yrsa, als der Tod.

Yrsa.
Und welche Grausamkeit ist's denn und welcher Grimm,
Der jetzt zu solcher Strenge treibt die Herrscherin?

Folkwar.
Nicht Grausamkeit und Strenge, sondern Güte ist's,
So will mir's dünken, was die Königin beweg.

Yrsa.
Wann riß aus Vaterarmen jemals Freundlichkeit
Die eigene Tochter?

Folkwar.
                Fürchte dich nicht so, mein Kind!
Vom Glanze deiner Schönheit hat der Königin
Das Gerücht erzählt, und darum hat sie dich erwählt,
So scheint's mir, um zu prangen in dem Kranz der Frau'n,
Der anmuthvoll den Hof der Herrlichen umblüht.

Yrsa.
Mit Freuden will ich bleiben, wenn die Königin
Nur deiner Armuth hold zugleich gedenkt, und dir
Auch eine kleine Stelle an dem Hof gewährt.

Folkwar.
O Yrsa! Schnell vergißt du deines Hirtenstands.

Yrsa.
Oft stand in meinen Träumen dieses Schloß vor mir,
Und eine Meerfee schmückte mich mit Hermelin.

Folkwar.

Und deine Kränze? Deine Lämmlein fromm und sanft?
Dein kleines Boot? Die Angel und das Fischernetz? —
So lockt's dich, deiner Kindheit morgengold'nes Glück
Hinwegzuwerfen für den falschen Glanz des Hofs,
Und Lebewohl zu sagen der Natur?

Yrsa.

      O! — Blüht
Nicht überall der Frühling? Weht nicht überall
Der frische Athemzug der nämlichen Natur?
Und ist die Schönheit, ist die Pracht und Herrlichkeit
Nicht selbst Natur? Nicht grade sie die lieblichste?

Folkwar
(still zu sich selbst).

Bei Zeiten wächst der jungen Adlerin die Kraft
Der stolzen Flügel! Mächtig fühlt und schlägt sie sie,
Ob manches Jahr im Grab des fernen Dünensands
Auch lag das Königsvogelei in tiefem Schlaf.

Yrsa.

Wer ist die Frau, die dorten hoch und herrlich naht?
(Königin Oluf tritt auf mit Gefolge.)

Folkwar.

Geschwind knie nieder, Kind! Es ist die Königin.

Yrsa.

Ich knie'n? — Ich, eine Freie? — Grüßen will ich sie. —

Schau, wie sie stolz ist! Wie sie selbst den Gruß mir nicht
Zurückgibt!

Oluf
(mit einem strengen Blick auf Yrsa).

Ist das deine Tochter, Fischer?

Folkwar.

Ja,
Du Hohe, das ist Yrsa, die du an den Hof
Zu bringen mir befahlst.

Oluf
(für sich).

Ha! Helges Ebenbild! —
Mit Macht nach langem, sechzehnjährigem Schlafe kocht
Herauf in meinem Herzen mir der alte Groll.

Folkwar
(heimlich zu Yrsa).

So knie doch, Kind! Mit Unmuth merkt sie deinen Stolz.

Yrsa.

Das mag die Sklavin! — Deutschlands freie Tochter nicht.

Oluf
(ohne Yrsa anzusehn).

Wie alt ist denn die Kleine?

Folkwar.

Sechzehn Jahre.

Oluf
(für sich).
Recht!
Denn sechzehn Jahre ist es, daß die Rachegluth
Still unter der Asche meines stolzen Glückes glomm.
(laut).
Das Kind ist hübsch, recht hübsch; — nur ist's kein Bauernkind,
Denn allzukeck umschwankt ihr doch der Fischerhut
Die blonden Flechten. — Pfui, du träge Weibsperson!
Ist das ein Arm, wie eine Bäuerin ihn hat?

Yrsa.
Ich bin nicht träge, hohe Königin!

Oluf.
Was war
Denn deines Tagwerks Last und Mühe?

Yrsa.
Ei, ich spann
Hellgold'nen Flachs an langen Winterabenden;
Und kam der Mai, dann pflanzt' ich Blumen an im Beet
Und heilender Gewächse manches grüne Blatt;
Auch fuhr ich mit hinaus zum Fischen oft: — ich war
So fröhlichstill und selig, ach, und Tag und Nacht
Erscholl dazu von Liedern rings Gestad und Meer.

Oluf.
Nicht däucht mir das die Arbeit, die dem Knecht gebührt.

Yrsa.

Mein Vater ist ein Seemann, Fürstin; er ist frei,
Frei, wie der Sturm, der mächtig durch die Ostsee fährt.
Er schwor dir Treue, doch dein Sklave ist er nicht.

Oluf.

Wer lehrte dich die Sprache, schamlos keck und stolz?

Yrsa.

Wenn ich die Wahrheit rede: — Kühnheit wär's und Fehl?

Oluf.

Still, wenn ich spreche! — Ja, der Mann, der dich erzog,
Ein franker Fischer ist er; er ist Wikinger,
Sein Loos ist frei wie das des freien Ozeans. —
Doch höre nun einmal! — Wenn dieser gute Mann —
Gesetzt, das Loos des Schicksals läge so — nun nicht
Dein Vater wäre: — sprächst du dann so stolz und frei?

Yrsa.

Du sprichst von Selbsterfundenem, gleich als wär's geschehn.

Oluf.

Sei still und stehe Rede, wenn ich frage! — Wie?
Wenn dich die Arme, die dich unter'm Herzen trug
(Und jene Arme kenn' ich ja), nachdem sie dich
An's Licht gebracht als Sklavin, grausam von sich stieß,
Und Preis dich gab dem Dunkel schmählicher Geburt,
Gleich bitt'rer Liebesfrucht, am wilden Weg gereift: —
Wo wäre denn die Freiheit, deren Stolz dich bläht?

Yrsa.

Ragnhild war frei! — Ein früher Tod riß sie hinweg
Vom Wiegenbett des Kindes, ach, hinweg von mir,
Die all ihr Glück war und der Sorgen süßeste!
Und Solches spräche nun der Ruf? — Es ist nicht wahr!

Oluf.

Und wenn's der Fall nun wäre? — Wenn's nun Eigensinn,
Wenn's Haß war, Plan und Absicht?

Yrsa.

       Wie? — Nicht faß' ich es,
Was du in dunkeln Räthseln zu mir sprichst. — Ragnhild
Hätt' an den Weg des Elends und der Knechtschaft je
Ihr Theuerstes gesetzt? — Ragnhilden priesen sie
Der Weiblichkeit und Anmuth süßholdsel'ges Bild,
Und doch der mächt'gen, sanftbezwingenden Gewalt
Nicht wäre sie gefolgt des heiligen Gefühls,
Das die Natur der Bärin und der Wölfin selbst,
Ein ewiges Liebeswunder, in die Brust gepflanzt?
Unmöglich! — Schau, der wilde Luchs des Waldgebirgs
Mit seinem rothen, schielenden Blick, so grimm er lechzt
Nach Blut und ewigem Kampfe: — seine Jungen läßt
Er nicht im Stich; er leckt sie, hegt und pflegt sie still,
Und treulich trägt er Tag und Nacht den Hungernden
Das kleine Wild herbei, das er im Sprung erhascht.
Wie wär's denn möglich, daß ein menschlich Weib das Haupt
Preisgäbe seines Kinds? — O meine Königin!
Du, im Gewühl des Krieges, unterm Schwertgeklirr
Des Kampfs herangewachsen, Kämpenschaarumtrotzt,

Haſt keinen Blick gehabt, kein freundlich Auge für
Die rührenden und zarten Sorgen der Natur.
Sahſt du denn nie die Schwalbe, wie ſie fromm am Ranft
Des Neſt's die flügg geword'nen Kleinen fliegen lehrt?
Sahſt du die Gans, die Henne mit den Küchlein nie? —
Ja, ſähſt du im Gehölze ſelbſt die flüchtigen
Ameiſen, wie ſie laufen, wenn den Hügel, wo
Sie zahllos hauſen, Einer durcheinanderwühlt,
Und wie ſie mühevoll die Eier wiederum
An Ort und Stelle tragen, wo das Moos ſie ſchützt:
Du zweifelteſt an treuer Mutterliebe nicht.

Oluf.

Geſetzt jedoch, es wäre nun einmal der Fall,
Und ſchmerzvoll ſetzte dich, ihr liebes Kindlein, aus
Am Waldesweg die Arme, welche dich gebar:
Sag', wäre dein Gemüth ihr nicht mehr zugewandt?

Yrſa.

Kann ich die lieben, welche lieblos mich verſtieß?

Oluf.

Du haßteſt ſie wohl gar vielleicht?

Yrſa.

. Ich weiß es nicht;
Schon es zu denken iſt mir ſchrecklich, und vor Grau'n
Schon bei'm Gedanken ſträubt ſich mir das Haar empor.

Oluf.

Und iſt es von Natur nicht eines Kindes Pflicht,
Die ſtill und fromm zu lieben, die's mit Schmerz gebar?

Yrsa.

Der
nicht bin ich's schuldig, die mich unter'm Herzen trug,
er bin ich's, die mit sel'gen Sorgen mich erzog,
nd die in Lust und Schmerzen meiner Kindheit pflag.

Oluf.
(für sich).

ängt sich die Brut der Schlange an zu regen schon?
Des Giftzahns noch ermangelnd, fährt sie schon empor
Mit hinterwärts gebog'nem Haupt. — Steht sie nicht da,
Und mißt mich mit dem Auge, stolz und kühn, wie mich,
Die schmachvoll Ueberwundene, König Helge maß? —
(zu Yrsa gewandt).
Nicht absichtslos war meine Frage, wohlgemerkt.
Ich weiß, du liebst den Pfleger deiner Kindheit da
Wie einen lieben Vater, ja du liebst ihn mehr
Sogar, als deine Mutter, wenn sie dich nicht selbst,
Wie sich's gebührt, am Busen hold und treu gepflegt. —
Dein Sinn ist keck, du urtheilst allzurasch. — Wer weiß,
Ob Mißgeschick und Thorheit nicht, ob nicht die Noth
Mehr schuldig deines Schmerzes, als der Haß? — Wohlan,
So will ich dir's denn sagen, Yrsa, daß der Tod
Es ist, der dich zur Waisen machte, nicht die Schuld.
In meinem Schloß gebar dich eine Sklavin mir,
Die mit dem Tod bezahlte deiner Tage Licht.
Gerührt von deiner Unschuld, übergab ich dich
Zur Pflege diesem Fischer. Darum achte dich
Für keine Freie! — Von Geburt mein eigen schon,
Fordr' ich dich jetzt, mein heilig Eigenthum, zurück.

Yrsa.

Ihr Ewigen Walhalla's! Hab' ich recht gehört?

Folkwar.

O schone meiner zarten Lilie, Königin!

Oluf.

Ich hab's gesagt! — Mein eigen ist sie von Geburt.
Vor sechzehn Lenzen gab ich dir die Kleine da
Im Wiegenbett von Meerschilf in den Wald hinaus. —
Was's, es zu läugnen, Graukopf! — Rede mir nicht mehr
Als dir der Schwur und deine Königin erlaubt!

Yrsa.

O läugne, lieber Vater!

Folkwar.

Ach, ich kann es nicht.

Yrsa.

So spricht sie wahr?

Folkwar.

Leibeigen bist du in der That
Der Königin dieses Landes.

Yrsa.

Eine Sklavin ich
Schon von Geburt?

Folkwar.
Darum doch mir nicht minder werth.

Yrsa.
lein Vater ist ein Knecht gewesen?

Folkwar.
Stolz und frei
st doch dein Sinn, voll Adels ist dir das Gemüth.

Yrsa.
ewige Nacht des Grabes! Schlinge mich hinab!

Folkwar.
rmuth'ge dich! — O Kön'gin, schone meines Kinds!
ß dir nicht bangen, Yrsa! Was du da vernahmst,
m Morgen beiner Tage wußt' ich es bereits: —
ab' ich dich darum jemals weniger geliebt?

Yrsa.
rausamer Pflegevater!

Folkwar.
Grausam bin ich?

Yrsa.
Ja; —
'arum erzogst zur Rebe du, was von Natur
azu gemacht war, unter Disteln demüthig
s Schlinggewächs dahinzukriechen an dem Weg?

Oluf.

Der Stolz der jungen Sele widerstrebt dem Joch
Und will nicht daran glauben. Weiter ist es nichts. —
Sei still nunmehr und wohlgemuth. Du bist jetzt mein,
Und meinen Leuten bin ich eine gute Frau.
Als Dienerin meines Hauses winkt dir ein Geschick,
Wie es im freien Walde niemals dir geblüht.

Ursa.

O läg' ich frei im bodenlosen, ew'gen Meer!

Oluf.

Wenn ich dich nicht beschützte, ha, so lägst du da!

Ursa.

Unsel'ges Loos!

Oluf.

  So lohnst du mir die Wohlthat?

Ursa.

              Ach!
Womit belohnte denn, wer selber Nichts besitzt?

Oluf.

Bedenkst du dich noch länger, wem du folgst von uns?
Ob du mit mir jetzt, oder mit dem Fischer gehst?

Ursa.

Hab' ich die Wahl? — Ich bin ja deine Sklavin jetzt,

Dein Eigenthum und deine Sache: — nimm mich hin!
Ob ich an deinem Hofe, ob ich anderwärts
Hinschleppe meine Tage, mir ist's einerlei,
Da doch der helle Goldglanz meines Glücks erlosch;
Dahin ist meine Lust an Wald und Strom und Au,
Dahin mein froher Sinn. — Wenn ich den Fisch im Meer,
Wenn ich im Feld den Hirschen sähe, stolz und frei,
Und in der Luft den königlichen Bergesaar,
Ich dächte meines Elends, meiner Knechtschaft nur. —
So will ich still allmählig sterben denn, ich will
Gleichwie die Blüthe sterben eines Dornenstrauchs,
Die hinwelkt vor dem Glück des Maien, Sturmgeknickt: —
Bald brechen Blatt und Stengel, und im Wehn des Winds
Zur Erde niederrauscht der Blume sterblich Theil,
Jedoch die Sele schwingt sich in das Licht empor
Und schwebt den ewigen Freiheitshöhn Walhalla's zu.

Folkwar.

Grausame Königin!

Oluf.

Still, verweg'ner Greis!

Folkwar.

Zerträtst
Du achtlos in der That das köstlichste Juwel?

Oluf.

Nur allzusehr gemahnt mich seine dunkle Gluth
An jenen Harten, welcher mich mit Füßen trat.

Yrsa
(mit einem schmerzlichen Blick auf ihr Haar).

So soll ich euch verlieren, goldene Flechten ihr,
Die ihr so stolz von meinen Achseln niederhängt? —
Denn nicht ist einer Sklavin langes Haar erlaubt.
Wie oft am frühen Morgen wusch ich in dem Quell
Und strählt' ich mit dem Goldkamm euren reichen Schwall! —
Wie waren meine Finger so darin geübt!
Des Spiegels nicht bedurft' ich eines blanken Schilds
Und nicht des Wogenspiegels, in das Gold hinein
Mir anmuthvoll zu winden Bänder blau und roth.
Nicht lieblich mehr umschwankt ihr meine Schläfe nun,
Mein Haupt nun muß ich beugen Olufs Herrscherschwert;
Und gleich dem Mann des Tods, der da am Rabenstein
Den Henkerschlag empfangen soll, und dem das Haar
Bis niederwärts zur Grube seines Halsgenicks
Geschoren wird gefühllos ruhig: — mäht der Stahl
Mit einem Schnitt den Flor von sechzehn Lenzen ab.

(Sie läßt sich auf ihre Kniee nieder.)

Oluf
(für sich).

O Tod! Wie ich die Goldpracht kenne des Gelocks!
Schon haben meine Finger d'rin gewühlt einmal,
Als trunken lag das Haupt des Feinds in Olufs Schooß: —
Zu ewigem Schimpf herunter mäht' ich ihm das Haar;
Und nun geschieht es wieder.

(Indem sie Yrsa'n das Haar schneiden will, blitzt es und das Meer fängt an, unruhig zu werden.)

(Sie tritt erschrocken zurück, faßt sich jedoch rasch wieder, und spricht)

Es ist gut. — Ich will

Den Knechtesschnitt dir schenken. — Gehe deines Wegs
Anjetzt nach meinem Schloß! — Da droben am Gehölz
herannaht mein Gefolge. Laß dir denn genau
Von meinen Frauen sagen, welches Magdgeschäft
Du unter dem Gesinde meines Hofs erhältst.
(für sich).
Vergib mir meine That, du Wogenkönigin!
In meinem Haß vergaß ich des geschwornen Eids.
(Sie geht ab, gefolgt von Dría und den jetzt vollends herangekommenen Frauen, die ihr ehrfurchtsvoll Platz machen. Zurück bleibt nur der Fischer)

Folkwar
(der den Weggegangenen nachblickt, und dann spricht).

Ich bleibe am Gestad zurück und sehe da
Dem Ende der Geschichte im Geheimen zu,
Mit Bangen im Gemüthe, doch voll Gottvertrau'n.
Ich hoff', es ist die letzte Welle, die der Sturm
Des jahrelangen Rachezorns emporwühlt in
Der Brust der Königin. — Doch ist es nicht der Fall,
Und rast die Wilde wirklich wider die Natur,
So weiß ich doch das Eine noch zuletzt gewiß:
Ueber der Unschuld wacht Walhalla's ewige Huld,
Indeß der Böse selber sich die Grube gräbt.
(Er begibt sich tiefer in den Wald hinein.)

(König Helges Drachschiff lenkt in die Bucht herein und wirft am Gestade Anker. — Der König springt mit seinen Kämpen an's Land und naht sich mit Jarl Reigin dem Vordergrund des Theaters.)

Helge.

O Reigin! Süße Wehmuth faßt ergreift mich jetzt,
Indem ich endlich wieder Sachslands Felsgestad

Dría.

Betrete, und die Nacht mich wiederum empfängt
Des nämlichen dichtbelaubten, uralttheil'gen Hains.
Da steht am Strand die nämliche Rieseneiche noch;
Dort hinten grüßt herüber Olufs Königsschloß,
Und dorten still wie damals rauschen Schilf und Meer.
Wie Vieles ist nicht anders worden, lieber Freund,
In sechzehn Lenzen! Schau, die ewige Natur
Nur ist die nämliche geblieben, die sie war;
Sie wirft ihr Winterkleid alljährlich einmal ab,
Und neubekränzt mit Blumen, kräuseln in dem Glanz
Des Mai'n die grünen Locken sich umher des Felds.
So ist es mit des Menschen flücht'gem Samen nicht,
Der gleich der Ephemere lebt des Rosenmonds.
Das Morgenroth umglänzt noch seinen Raupenschlaf,
Auf Purpurflügeln schwebt er in der Mittagsgluth,
Und ehe die Gestirne funkeln, ist er todt.
Noch fühl' ich mich in meiner ganzen Jünglingskraft,
Wenn schonungslos das Leben mir mit plumper Hand
Auch weggewischt den Goldstaub von den Schwingen läng
Verschwunden, wie ein Traum, ist meiner Tage Sturm,
Und wehmuthvoll und trübe, blieben in der Brust
Erinnerungen einzig mir des Grams zurück.
Soll mir die Ruhe wieder werden, die mich flieht,
So ist's an diesem Strande, wo ich sie verlor,
Denn Olufs Schmerz und Klage drückt mich allzuschwer.
Wenn Abends meine Gäste frohen Muths zumal
Zur Ruhe gingen, und zuletzt mein Knabe mir
Mit seinem Fackellicht zu Bette leuchtete,
Dann wacht' ich, hin und her mich wälzend ruhelos,
Aus kurzem Fieberschlaf erschreckt und schaudernd auf,
Und geisterhaft im Licht des Mondes glaubt' ich bald

Die Schuppige zu schauen mit dem Schlangenschweif,
Bald hohlen Gluthaugs, gramvoll bleichen Angesichts
Und wehenden Todtenschleiers, Sachslands Königin,
Und weder Rothschilds Feste, noch die Wikingslust
Im jungen Frühling scheuchten mir das Bild hinweg,
Auf meiner Sele dunkeln Hintergrund gemalt.
Und darum also, Reigin, kam ich jetzt hieher,
Zu hören endlich Olufs späteres Geschick:
Ob im Verzweiflungsschmerze sie den Tod gesucht?
Ob sie sich selber damals in die See gestürzt?
Ob eines Kindleins holde Frucht ihr Schooß gebar?
Ob es am Leben, ob es frühe hingewelkt?
Ob es ein Knabe? Ob's in süßer Unschuld Glanz
Ein Mägdlein hold und lieblich? — Schau, das wüßt' ich gern,
Und theilnahmsvoll für Olufs Qual schlägt Helges Brust.
Denn einer edeln Fraue Schmerz und Klage gehn
Dem Wikingsbrott zu Herzen, während Uebermuth
Und Stolz von Neuem reizen seinen Heldenzorn.

Reigin.

In seidenem Gewande seh' ich da vom Schilf
Herwandeln raschen Schritt's ein schönes Frauenbild.
Sie ist wohl Eine vom Gefolg der Königin,
Und kann dir Märe sagen von Frau Olufs Loos.

Schilflieb
(tritt auf).

Willkommen, Helge, wiederum an Sachslands Strand!

Helge.

Bei'm Thor! Die Stimme kenn' ich und den falschen Blick!

Schilflieb.

Vor achtzehn Jahren sahst du am Gestade mich.

Helge.

Du schöne Wasserlilie! Wenn du da geblüht,
Dann sah ich dich als Knospe, ja.

Schilflieb.

      So schnell nicht welkt
Gesunder Glieder Pracht.

Helge.

     Als ich dich sah zuletzt,
So war es in der Dämm'rung, wie mir däucht, einmal,
An Leires Buchenstrand in meinem Badehaus.

Schilflieb.

Für meine Huld gewann ich damals übeln Lohn.
Die Wolke ist beständ'ger, als der Sinn des Mann's.

Helge.

Du sprichst von Wankelmuth? — Du Trügerische, die
Aus meinem Arm hinweg als schnöde Schlange schlich?

Schilflieb.

Nicht um zu kosen, blitzte da dein Schwert fürwahr: —
Daß ich nicht todt geblieben, deine Schuld ist's nicht.

Helge.

Du spott'st noch, Falsche, die dem Schaume gleicht der See!

Schilflieb.

Wie? — Soll ich mich nicht freuen der gelungnen Flucht?

Helge.

Verlaß mich jetzt, und bringe mich nicht nochmals auf!

Schilflieb.

Bezähme deine Wuth! Denn einmal möchte doch
Der jähe Sinn dir Wehe bringen und Gefahr.

Helge.

Jetzt gehe deiner Wege, Silberschuppige!
Schon spür' ich an der Linken regen sich mein Schwert.

Schilflieb.

O Helge! Mäßige dich doch endlich einmal selbst.
Dem raschen Jüngling mag man durch die Finger sehn,
Wenn er im Ungestüme fehlt der Leidenschaft,
Dem reifen Mann hingegen steht der Jähzorn schlecht.

Helge.

Wenn du nicht gehst, ich haue nieder dich, bei'm Thor!

Schilflieb.

Du Schwacher! Drohte mir Gott Thor, so trotzt' ich ihm,
So wie ich dich nicht fürchte. Höre mich ruhig an!
Bin ich von Emblas Stamm geboren? Bin ich denn,
Gleich deinem sterblichen Geschlecht, von Fleisch und Blut?
Durch meine Adern rauschen wild die grollenden,
Die ewigen Sturmeswogen des empörten Meer's.

Drum achte meine Halbgottähnliche Natur.
Thöricht zu glauben ist es, daß ich Haß und Groll
Und Feindschaft hege gegen dich, weil ich im Bad
Von dir mich abgewandt nach kurzer Liebeslust.
Ist es denn Haß gerade, ist es schlechterdings
Ein heimliches Gefühl des Ekels, daß du an
Der Pracht des Himbeerstrauches kalt vorüber gehst,
Wenn du an seiner Purpurfrucht dich sattgeschwelgt?
Gleichwie dem tiefen Meer der Schaum zu eigen ist,
So ist der Leichtsinn meine andere Natur.
Ich kann nicht weilen; ist die Treue dein Begehr
Und stäte Liebeslust: — am Strande suche sie,
Bei'm ehr'nen Riesenvolke des Gebirges, nicht
Im Kreis der Meerfrau'n, welche wandern mit der Fluth!
Plagt dich die Eifersucht? — Im Badhaus am Gestad
Gewähr' ich dir, was früher ich im Erlenholz
Gewährte deinem argen Ohm, obgleich ich ihm
Erst in dem Qualm des Waldbrands Rache schwor, die ich
Vergaß in deinen Armen: — So ist dir erblüht,
Was Frodes still Genüge war, und mehr als das,
Denn schenkt' ich dir nicht eine holde Liebesfrucht? —
Darum sei wohlgemuth, sei ruhig und gescheidt,
Und quäle dich nicht selber, wenn ich ruhelos
Dem Sturm und Drange folge meines Elements: —
An jeder Küste sehnsuchtsvoll im Grünen seufzt
Nach mir die Kraft und Blüthe schlanker Jünglinge,
Und meine Gunst bewahrt' ich einem Einzigen? —
Indeß vergaß ich dich doch nicht. — Als dir die Brust
Von Sehnsucht und Verlangen wieder schwoll nach mir
Im Buchengrün am Quell des heiligen Leirewalds,
Da kam ich in des Vogels purpurnem Gewand,

Und Sachslands rothe Rose, schonungslos gepflückt,
Ersetzte dir die bleiche Lilie bald der See.
Jetzt bist du da. — Ich weiß, dich treibt die Angst hieher,
Ob du in deinem grimm'gen Berserksungestüm
Die Arme nicht in Schuld und frühen Tod gebracht.
Nur meiner Macht verdankst du's, daß es nicht geschehn,
Und daß das Leben freundlich ihr noch blüht wie dir.
Unsichtbar wehrt' ich in der schrecklichen Nacht dem Dolch,
Gezückt im Schmerz des Wahnsinn's, und mit Feenarm
Entriß ich sie der Fluth, als in dem Glanz des Monds
Verzweifelnd vom Gestade die Verlass'ne sprang. —
Jetzt sitzt sie wieder mächtig auf dem Thron des Lands
Und keine Wolke trübt ihr mehr die sonn'ge Stirn.
Verschwunden wie ein Traum ist längst jetzt jene Nacht
Und ohne Folgen ist geblieben deine That.
Wenn dich die schöne Spröde haßt, und wenn sie selbst
Mit einem Festmahl jährlich noch des Tags gedenkt,
Wo sie im Saal den herben Schimpf dir angethan,
Großmüthig mußt du das dem Stolz der Frau verzeihn.
Denn Nichts ist für des Weibes wild unbänd'gen Sinn
Demüthigender wahrlich, Nichts ist kränkender,
Als wenn sie sich im Herzen tödtlich von dem Mann
Beleidigt sehen muß und sich nicht rächen kann.
Und deine Rache, Helge, war sie nicht verrucht? —
Denn allzuwild doch raste damals deine Wuth.

Helge.
So höhnt sie mich mit einem Fest alljährlich noch?

Schilflied.
Vergiß nicht des der Königin angethanen Schimpfs!

Helge.
Und Niemand weiß davon, wie schwer ich mich gerächt?

Schilflieb.
Daran ist meine Freundschaft, meine Hilfe Schuld.

Helge.
So ahnt man nichts von Olufs längst verlor'nem Kranz?

Schilflieb.
Noch unbefleckt in Deutschlands Gauen ist ihr Ruhm.

Helge.
Entsprang dem haßerzwung'nen Brautbett keine Frucht?

Schilflieb.
Ja, doch die Nacht deckt heimlich das Gescheh'ne zu.

Helge.
So ist in Nichts zerronnen mir die Rachethat!

Schilflieb.
Die Königin ist noch so stolz wie dazumal.
Doch deine Jünglingskraft und Blüthe hat noch nichts
Verloren durch den reifen Herbst der Jahre. — Schau,
Auch ich kann stürmen, wenn ich will, durch's Salz der See,
Und brausen durch die Tiefen, gleich dem Midgardswurm.
Dann ächzt es in dem Grund, dann blitzt es im Gewölk,
Auf schwarzem Walroß sprengt der Meermann durch die Nacht
Und stößt mit Macht ins Schneckenhorn: — dann wirft der Sturm

Wohl manches stolze Schiff zerbrochen an's Geklipp,
Und Rana jauchzt und hascht hinweg die Schwimmenden.
Doch purpurhell und windstill ist die blaue Bahn
Dann wiederum zu schauen meines weiten Reichs,
Und selbst der Weg am Strande durch Gebirg und Thal
Ist dann nicht sich'rer wahrlich, als durch's Meer der Pfad.
Das sag' ich dir zum Gleichniß: — fass' es in's Gemüth,
Und da es doch in deiner Macht jetzt nicht mehr steht,
Zu rächen dich am Haupt der schönen Königin,
So mache Frieden mit der Uebermächtigen,
Und freundlich nun begegne ihr, wenn sie sich naht.
Wer weiß? — Besänftigt gibt sie dir den Brautkuß jetzt.
Und thut sie's nicht, und sträubt sie sich zum andernmal,
Dann sei nur still und ruhig und vergiß mir nicht,
Nicht wahr, mein Held? — daß Olufs goldner Rheinlandswein
Und Olufs blank geschliffner Stahl gefährlich sind!
Nimm dir's zu Herzen, Helge, was ich dir gesagt,
Denn sträflich ist die Thorheit doch des Sterblichen,
Der, was einmal das Schicksal ihm verwehrt, versucht.

(ab.)

Reigin.

O Falschheit! O verrätherische Freundschaft, die
Mit Worten sanft beschwicht'gen will, indeß sie still
Mit heimlichem Triumphe nur darüber lacht,
Wie wir im Kampfe schwanken zwischen Schmerz und Wuth!

Helge.

Wie anders bin ich nun gemuth, als da ich kam!
Im Herzen wieder neu erwacht ist mir der Haß,
Und Grimm ist, was soeben noch Erbarmen war.

Reigin.
Die Falsche hat zuletzt dir unbewußt **genützt**,
Beruhigt kehrst du in die Heimath nun zurück.

Helge.
Ich ruhig heimgehn, ohne daß ich mich gerächt?
Ich leide ungestraft so schimpflich häm'schen Spott?

Reigin.
Mag sie sich brüsten fälschlich mit dem Kranz des Siegs: –
Du selbst weißt es am besten, wer zuletzt gewann.

Helge.
Das ist mir nicht genug, wenn's nicht die Welt erfährt.

Reigin.
Laß kraftvoll denn der Kön'gin durch den Herold dräu'n!

Helge.
Soll ich mich heimwärts schleichen wieder, wie ich kam?

Reigin.
So ist denn deine Sele noch nicht satt des Kampfs?

Helge.
Dir will ich's sagen: — oftmals kam das Leben mir
Wie eine öde Wildniß vor, so kahl und leer.
Oft, wenn ich still am Steven meines Drachen saß,
In dämmernden Gedanken, während Schaumumspritzt
Des Kieles schmal Gebälke durch die Welle glitt

nb lieblich wechselnd Inseln und Gestade mir
n meinem Blick vorüberzogen, Waldumkränzt: —
a, oftmals dann beschlich mich eine Sehnsucht nach
ich weiß nicht was, ich fühlte mich unendlich arm,
nb selbst des Ruhmes Kränze freuten mich nicht mehr.
In Schilfliebs Arm erwachte mir mit Einem Mal
Zu ungeahntem Liebesglück der scheue Muth.
Von da an, im Gefühl der stolzen Jünglingskraft
Erblickt' ich in des Weibes reizendem Gebild
Nur meiner Lust und Freuden willige Schaffnerin.
Doch gleich den Wildheitstaumeln eines Siegesmahls,
Und gleich dem Schnee des Methschaums flüchtig ist die Lust,
Und hinterläßt die Sele satt und matt und schlaff.
Oft wenn ich in den Saal bald eines fremden Jarls,
Bald eines Königs kam als Gast, und da am Tisch
Sein ehliches Gemahl erblickte, angethan
Mit züchtigem Gewande, licht wie Schlehenbluft,
Und darumher die edeln Mägdlein rings, wovon
Die Lieblichste zum Willkomm mir mit Unschuldsblick
Das Goldhorn reichte, während ihr holdsel'ge Scham
Mit Purpurroth die Lilienwangen übergoß: —
Dann fühlte ich den Werth des weiblichen Adels, Freund,
Den Himmelszauber ahnt' ich dann des weiblichen
Gemüths, und seiner Blume reinen Duft, der mehr
Zuletzt und mächt'ger ist, als Schilfliebs üppige Pracht
Und Olufs wilde Gluth und wilde Leidenschaft.
Allmählig langsam reift' ich zu dem Glück heran
Des eigenen Heimathherdes; freundlich sanftere
Gefühle zogen in die Brust mir schmeichelnd ein,
Und klar nun merkt' ich's, wie die hohen Himmlischen,
Wie Wanadis und Hertha von Walhalla's Höhn

Zur Erde dann und wann herniedersteigen und
Als holde Frau'n allsichtbar wandeln unter uns,
Und hehr und heilig wurden mir die Zarten nun;
Und nach dem Bann der frohen Knechtschaft sehnt' ich
Wozu den Mann das Auge eines Weibes zwingt.
Doch was ich suchte, nirgends fand ich es bis jetzt,
Und Schilfliebs bleiches Haupt und Olufs Rachebild,
Gleich zürnenden Gespenstern stiegen sie empor,
Und wiesen mich hinweg vom schönen Thal des Glücks
Zu dunkeln Schemen hin, zu ewigem Reueschmerz.

Reigin.

Bewundernd wirklich hör' ich dich, wie du da sprichst
Voll Gluth und Skaldenschwungs; indeß du übertreibst.
Ich sage schlicht und einfach weiter Nichts darauf,
Als daß der Mann, der einsam durch das Leben geht
Und keine Braut holdselig heimführt in sein Haus,
Im Schooß des Reichthums selbst mir nicht zu neiden däucht:
Ein Knecht der Selbstsucht ist er, welchem ungepflückt
Hinwelkt die Frucht und Blüthe des Familienglücks;
Und ist er König, dann geräth sogar sein Reich
Und seines Reiches Wohlfahrt oftmals in Gefahr.

Helge
(indem er einen Blick rückwärts in den Wald hineinwirft).

Schau! Naht sich nicht da eine weibliche Gestalt
Mit einem Eimer auf dem Kopf? — O schau doch, schau,
Wie schön sie ist, und wie ihr langes, gold'nes Haar,
So lieblich ihr Gesicht umrahmt! — Sie soll mir schnell
Einmal zu trinken geben, währenddem ich da
Im Buchengrün ein wenig raste. — Unterdeß,

Ihr meine guten Kämpen, geht, und macht mir stracks
Am Deck die Raa'n, die Anker und die Taue klar,
Damit ich mit dem ersten Wehn des Abendwinds
Bleich wieder in die See hinaus und weggehn kann
Von dieses Lands unwirthlich klipp'gem Unglücksstrand.

(Die Kämpen gehen, dem Befehl des Königs gehorsam).

Helge.
Du, wack'rer Jarl, du rufe mir das Mägdlein her,
Das dorten hinter'm Haselbusch sich scheu versteckt!

Reigin.
Du kleine Hirtin, höre! Bleibe stehn einmal!
Da sitzt ein wegemüder Wanderer, der lechzt
Nach eines frischen Trunks willkomm'nem Schluck.

Yrsa.
Den soll
Er haben alsogleich. Dort ist die Quelle, guck,
Und einen Becher hab' ich an dem Gürtel da.

Helge.
(indem er näher tritt).
Ein Becher Gaißmilch wäre mir willkomm'ner noch.

Yrsa
(verlegen).
O Herr! Verlange nicht, was ich nicht geben kann.

Helge.
Gehören denn die Ziegen am Gehölze dort
Nicht deinem Vater?

Yrsa.
Einen Vater hab' ich nicht.

Helge.
Du Arme! — Deiner Mutter also?

Yrsa.
Die ist todt.

Helge.
Und wer bist du?

Yrsa.
Ach, eine arme Sklavin nur
An Königin Olufs Hofe. — Traurig hüt' ich ihr
Am Strand die Ziegen, deren frisch gemolkne Milch
Ich ihr da bringe. Doch wiewohl ich eilen muß,
Den Weg an's nahe Brünnlein kann ich schon noch gehn.
(Sie geht zu der Quelle).

Helge.
Sie eine Sklavin! Reizin, sahst du in der Welt
Schon eine königlichere, schön're Lilie?

Reizin.
Sie ist sehr schön und lieblich, es ist wahr, mein Drott,
Und weder Angesicht, noch Locken scheinen mir
Von Sklavenart zu zeugen.

Helge.

Schau, wie sie da geht
So stolz wie eine Königin zur Quelle hin! —
Jetzt ist sie d'ran, jetzt spült sie an der Silberfluth
Den Becher klar und hebt den einen Arm empor,
Der schnee'ger ist und weißer, als der Wasserschaum.
Fürwahr, wie Marmor blinkt er an dem dunkeln Grün,
Womit der Epheu ringsumher den Fels geschmückt.

Reigin.

Schau, wie sie mit den Lilienfingern so geschickt
Hineingreift in's Gesträuch und wie sie Himbeer'n pflückt!

Helge.

Und wie die Wangen ihr dabei so lieblich glühn!
Betrübniß ist es halb, und halb ist's Scham gewiß,
Daß sie nichts Besseres dem Gaste bieten kann.

Reigin.

Und wie sie sich emporstreckt, Königskerzengleich,
Am widerstrebenden Gebüsch! So schlank und schön
Und herrlich sie gewachsen ist, an's üpp'ge Haupt
Des stämm'gen Purpurstrauches reicht sie nicht hinan.

Helge.

Wie gibt sich doch in einem Bilde da zur Schau
Treuherz'ges Thun und Denken, Huld und Schönheitsglanz!

Yrsa
(kommt mit dem Becher).

Da! Wohlbekomm dir dieser Trunk, du Edelster!

Helge.

Wer hat dir denn gesagt, du Holde, wer ich bin?

Yrsa.

Im Traume hab' ich dich wie oft gesehn! — Gewiß,
Du bist mein Held, der kommen soll von Dänemark!

Helge
(indem er mit dem Becher zugleich ihre Hand ergreift).

Also du gibst mir, schöne Hirtin, was ich da
In Händen halte?

Yrsa.

Den Becher kann ich dir so wenig schenken, Herr,
Wie meine Rechte, die ihn freundlich dir kredenzt,
Da Beides meiner Königin zu eigen ist.
Jedoch das Brünnlein da im Busch ist frei: — daraus
Kann seinen Drott bewirthen selbst der letzte Knecht.

Helge.

So hold und lieblich bringt die ewige Natur
Oft Hoch und Nieder, Groß und Klein zusammen! — Und
Die prächtigen Himbeer'n da?

Yrsa.

    Die wilden Bienen selbst
Des Waldes tanzen d'rum herum und naschen d'ran,
So kann auch ich sie pflücken. — Nimm und iß!

Helge
(die Gabe annehmend, entzückt).

Bei'm Thor!
Ich zehnmal lieber nähm' ich mir die Hand dazu!
Wie schön sie ist! So weiß wie frisch gefall'ner Schnee!

Urfa.

O, nicht wie Schnee, sie ist ja roth wie Blut! — Wie ich
Dir da am Strauch die Himbeer'n pflückte, hab' ich mir
Die Finger roth gemacht.

Helge
(zu Reigin gewandt).

Jetzt frag' ich dich einmal,
Ist sie nicht himmlisch, Reigin? — In der That, mir ist,
Als ob es Freia wäre, Volkwangs Disa selbst.

Reigin.

Sie ist die süße, holde Unschuld selbst.

Helge.

Ja, unschuldsvoll,
Mit Augen taubenfromm und wie die Quelle blau,
So blickt sie in die Welt hinein.

Reigin.

Sie sieht dir gleich.

Helge.

Ach, ist es wahr?
Urfa.

Yrsa.
Was hat er da zu dir gesagt?

Helge.
Du sähst mir ähnlich, sagt mein Freund.

Yrsa
(erröthend.)

O, glaub' ihm nicht!

Helge.
Warum? — Ich fühl's, dein Wesen ist mir wahlverwandt,
Und wehmuthvoll im Spiegel deines Angesichts
Erkenne ich die Züge meines Jugendbilds.
O du, mein beff'res Selbst! — Wie ist mir denn geschehn?
Mir ist, als hätt' ich dich schon manches Jahr gesehn.

Yrsa.
Auch ich bin dir von ganzem Herzen hold und gut.
Doch du bist Drott, ich eine Sklavin: — welche Kluft!

Helge.
Wie heißt du denn?

Yrsa.
Mein Nam' ist Yrsa.

Helge.
Möchtest du
Wohl mit mir gehn nach Dänemark? — Ich nehm' dich mit.

Yrsa.

Nähmst du mich mit als beine Sklavin? — Nimmermehr!
Dann will ich doch noch lieber die der Kön'gin sein.

Helge.

Und wenn ich dich nun kaufte von der Königin,
Und dir die Freiheit schenkte?

Yrsa.

O mein güt'ger Herr,
Dann folgt' ich dir mit Freuden.

Helge.

So komm mit mir, du Holde! Freundlich lächelnd wird
Dir Wanadis das Brautbett rüsten überm Meer.

Yrsa.

Was hab' ich da gesagt? — Nein, rascher Wikingsheld,
Gib mich nicht frei! Dann will ich lieber Sklavin stets,
Als eine solche Freie sein.

Helge.

Du gehst mit mir;
Ich will dich hüten, Yrsa, wie mit Vaterblick.

Yrsa.

Mein königlicher Pflegevater du? — O wie
Das prächtig wäre!

Helge.

Wirklich? — Also wär' ich dir
Wohl schon zu alt zum Bräutigam?

4*

Yrsa.

O schone, Herr,
Denn schmerzlich ist der Spott dem Armen, und nicht
Bin daran schuldig, meines Stands und Rangs!

Helge.

Bei'm
Vor'm Sternenlicht noch mach' ich dich zur Königin.

(abermals zu Reigin).

O es ist keine Frage, Reigin! — Sie ist es,
Die ich bis jetzt mit Schmerzen stets gesucht und nie
Gefunden.

Reigin.

Nimm dich in Acht, mein Herr und König! Denn es
So eine jähe Liebesgluth dem Feuer gleich
Des Wiesenhalms im Winter: — lustig loht's empor,
Jedoch im Augenblick ist's Asche.

Helge.

Fürchte Nichts!
Kann denn der Sele himmlische Gluth erlöschen wie
Ein irdisch Feuer?

Reigin.

Uebereile dich nur nicht!

Helge.

Im Sturme geht der Seemann . . . . .

Reigin.
Oftmals in den Tod.
Yrsa.
Still! Dorten seh' ich im Gehölz die Königin.
Ich will jetzt gehn; denn sähe mich die Stolze stehn
Und mit dir reden, Herr, mir blühte Rüge baß.
Helge.
Da naht sie sich im Wehrschmuck, nimmermüd des Streits.
Traun! Sie ist alt geworden. Nicht wie dazumal
Mehr stehn ihr Helm und Panzer, wo im Blüthenglanz
Des Magdthums und der Schönheit sie mit mir gekämpft.
Ein Herold der Königin
(tritt auf.)
Die Königin läßt fragen, Drott, was dich bewog
Zu dieser Fahrt nach Sachsland? — Führst du Krieg im Schild?
Helge.
Als Freund bin ich gekommen, will's die Königin;
Doch will sie Streit, wohlan, so warten am Gestad
Schon Schiff und Heer.
Oluf
(indem sie näher tritt, für sich).
O Schilflieb! — Niemanden hass' ich so,
Wie diesen Mann, und Freundschaft heucheln soll ich ihm?
Helge
(die Königin begrüßend).
Wenn du so denkst wie ich, erlauchte Königin,
So werfen wir ins Meer der ewigen Nacht anjetzt

Die schmerzlichen Erinnerungen all hinab,
Die dieses späte Wiedersehn uns Beiden weckt,
Und machen Frieden mit einander. — Denn es ist
Die Rache zwar unendlich süß, doch trinkt sie sich
Zuletzt im Schierlingskelch der Tollwuth selbst den Tod.

Oluf.

Gewiß! Selbst wenn die schamlos niederträchtigste,
Die schändlichste der Thaten einem Mann gelang,
So steht doch eine Gottheit stets der Unschuld bei
Und gibt ihr wieder den bereits erlosch'nen Glanz,
Dem Elenden zum Schmerze.

Helge
(seitwärts zu Helgin).

     Hei, wie wild sie trotzt!
Doch sehn jetzt soll sie's, wie ich sie demüthige.
Nicht Uebermuth und Rache sinn' ich mehr; ich fühl's,
Vor'm Strahlenblick der Freia, gleich dem Bergesschnee
Vor'm Strahl des Maien, schmilzt mir in der Brust der Haß;
Doch strafen will ich Olufs Stolz, indem ich mir
Jetzt statt der Königin zur holden Wikingsbraut
Schön Yrsa da begehre.

Oluf.

    König Helge du!
Nach sechzehn langen Jahren still genährten Groll's
Was treibt dich denn jetzt wiederum an Sachslands Strand? —
Grausame Neugier wohl und höll'sche Schadenlust,
Dich an der Frucht zu weiden deiner Rachesaat?

Helge.
Um endlich Liebesglück zu finden, kam ich her.

Oluf.
Wächst es am Fels des Hasses?

Helge.
Wunderschön erblüht
Auf rauhen Bergeshöhn der Alpenrose Pracht,
Die fruchtlos du im Blüthenhag der Thäler suchst.

Oluf.
Wohl wahr! So hager nicht ist Olufs Angesicht,
So gramumwölkt zu schauen nicht, wie du es wohl
Gewünscht. Kein leiser Klageton im Walde lockt
Zum Fischerhaus am Strande deinen Schritt zurück,
Wo du in Wahnsinnsnacht die mondscheinwandelnde,
Die Gramgestalt erblickst der Armen, die dich haßt,
Und die dir flucht. Mit Füßen treten soll noch nicht
Verächtlich deine Wikingswuth ihr frühes Grab,
Und höhnisch soll am Strand noch nicht dein froher Blick
Die Stelle suchen, wo sie sich ins Meer gestürzt: —
Sie lebt, sie blüht, die Krone trägt sie wie vorher.

Helge.
Nicht Haß und Groll: — Erbarmen führte mich hieher.

Oluf.
Erbarmen? — Ei, mit wem denn? Mit dir selbst gewiß,
Du Oftbetrogener?

Helge.

Mit dir, du Thörichte,
Da dich der Schmerz, das Unglück weiser nicht gemacht.

Oluf.

Gesteh's! Es ist mein Glück, was deinen Unmuth weckt.

Helge.

Blos deines Stolzes Uebermuth beklag' ich still.

Oluf.

Ohnmächtig still und heimlich wühlt in dir der Schmerz,
Daß Sachslands Volk alljährlich festlich noch begeht
Den Tag des Schimpfes, angethan dem Wikinger,
Den pechbekränzt ich heimgeschickt im Ledersack.

Helge.

O! — Wer der mehr Beschimpfte damals unterlag,
Wohl weißt du es, du jungfräuliche Königin!
Doch ich bin Held und König; darum sündigst du
Auf meine Großmuth, die sich nie des Siegs gerühmt.

Oluf
(faßt sich).

Genug des Streits! Willkommen am Gestade mein!
Bitt' eine Freundschaftsgunst dir, eine Gnade aus: —
Wenn ich es kann, die höchste selbst gewähr' ich dir.

Helge.

So hohe Huld erkenn' ich hohen Dankes werth.

Oluf.

Was hätt' ich dir zu bieten, König du des Nords?
In deinem Glück und Ruhmesglanz was fehlte dir?

Helge.
Was schmerzlich sechzehn Jahre mir bereits gefehlt.

Oluf.
Was?

Helge.
Eine Braut!

Oluf.
Begehrst du die von Olufs Hand?

Helge.
Vor sechzehn Jahren kam ich an den Strand hieher,
Ein Knab' in goldnen Locken, Rosen im Gesicht,
Und in der Brust die stolze Feuerlilie
Der Leidenschaft und meines Drangs nach Liebesglück.
Gleich einer Rose sah ich dich am Thurme blühn,
Ich sah dich, und bevor mir Reigin deines Rangs
Geheime Mähr erzählt und deines Hauses Ruhm,
Von deiner Anmuth Glanz bezwungen, liebt' ich dich.
Nicht Leires Drott begehrte Sachslands Königin: —
Die schlanke deutsche Jungfrau weckte in der Brust
Des blonden Dänenjünglings nieempfund'nen Sturm.
Jedoch ihr herbes, Orloglebendes Gemüth
War abgewandt von Freias wonn'gem Liebesspiel;
Dem Werber sprach sie schonungslos und grausam Hohn,
Zu Schanden schnöde machte sie, mit tück'schem Spott,
Den off'nen Seemannsssinn des jungen Wikingers,
Und hexengleich mit Trollgesang in Haß und Wuth
Verkehrte sie die süße, holde Leidenschaft.
Da schwor er sich zu rächen. Dank's der Schwimmenden

Im dunkeln Purpurschooß der See, daß dir das Licht
Noch glänzt des Tags! — Da droben im azurnen Blau
Hat unterdeß der Mondenwolf sein flüchtiges,
Sein silbersicheliges Wild verfolgt, wer weiß,
Wie oft schon; und der Mond, obgleich auf ewiger Flucht,
Obgleich vor seinem Würger wechselnd die Gestalt,
Sah mitleidsvoll auf meinen bleichen Harm herab.
Da bräunten still allmählig sich die Locken mir,
Scheu in sich selbst zurückzog meine Sele sich,
Die in des Walds Geheimniß, und des Nachts am Meer
Von höheren Gedanken und Gefühlen schwoll.
Nicht nach dem Blick und Kuß bethörend üpp'ger Frau'n,
Nach einem fromm holdsel'gen liebenden Gemahl
Jetzt sehn' ich mich und nach des eigenen Heerdes Schein
Im Sturm der Winternächte. — Seltsam, wunderbar,
Daß dieser Strand nunmehr bereits zum zweiten Mal
Die holde Braut mir meiner Sehnsucht zeigen muß!
Denn da im schönen Kranze steht sie deiner Frau'n.
Und ist sie nicht die Rose deines Blumenflors,
So ist sie die Viole, wie sie still und sanft
Und anspruchslos im Grase blüht: — doch o wie süß
Ist nicht ihr Duft, er ist wie Lenzesathemzug,
Und wie die Morgenröthe ist ihr Angesicht!
So wenig in der That wie früher, Königin,
Lockt mich die Morgengabe der Erwählten jetzt,
Noch stachelt mich Gewinnsucht neuen Guts und Lands: —
Genug des Landes hab' ich an der Ostsee Strand
Und keine Gränze kenn' ich in der Heerfahrt Flug.
Was frag' ich nach dem Glanz und Reichthum meiner Braut?
Ueber die Frauen wirft zuletzt der Mann das Loos,
Und durch die Heirath hebt er sie zu sich empor,

Gleichwie am Ulmbaum sich empor die Rebe rankt.
So nehm' ich dich bei deinem Königswort denn, und
Vor deinem ganzen Hofe bitt' ich dich hiemit:
Laß deine Hirtin Yrsa frei, und gib sie mir!

Oluf.

Um meine Sklavin Yrsa wirklich hältst du an?

Helge.

Traun, keine Sklavin dünkt mir, die so stolz und frei.

Oluf.

Besitzt sie solche Tugenden? — Wann ist ihr's geglückt,
Damit zu glänzen?

Helge.

Da am Quell im Waldgebüsch
Bemerkt' ich sie und sprach mit ihr. Was braucht's denn mehr,
Wo so beredt die süße Unschuld selber spricht?

Oluf.

Leichtsinn'ger Mann! So blindlings also greiffst du zu,
Ein Spielball des Geschickes?

Helge.

Hab' ich nicht genug
Gewählt? — Indem ich wählte, flog mein Mai dahin.

Oluf.

So wenig stolz beschimpfst du deinen Königsthron?

Helge.

Just ich bin stolz: — ich frage nach Gewohnheit nichts.

Oluf.

So sucht sich Dänemarks König also sein Gemahl
Jetzt unter Sachslands Sklavinnen?

Helge.

       Ich denk's mit Schmer
Was ich in Sachslands Königin vor Jahren fand.

Oluf.

Bei meinem Vater denn im Schooß des Heunengrabs!
Die Dirn' ist dein, ich gebe dir die hohe Braut.

Helge.

Und bei des nächt'gen Waldbrands höll'schem Feuerschein,
Womit ich meinen Vater fürchterlich gerächt,
Sei dir die Gabe, stolze Königin, gedankt.

Oluf.

Komm einmal näher, Yrsa! Holde Fee des Walds,
Komm, laß dich doch bewundern!
    (für sich, mit heimlichem Triumph.)
       Ha, du Herrscherin
Im Schaum der Salzfluth! — Schaudernd nun versteh' ich dich.
Du fühlst die Rache schrecklich, doch du fühlst sie.

Helge.

          Wenn
Die Liebliche mein eigen ist, so bitt' ich dich,

Königin, gewähre mir die neue Huld,
daß ich mit meinem Eigenthum frei schalte gleich.
Geschliff'ner Stahl ist heikel gegen Näß' und Thau: —
Es schrickt die Unschuld, schrickt die holde Scham zurück
Vor'm Blick der Menschen. — Reigin, gib mir her den Schlei'r,
Den prächt'gen, goldstoffblumigen, den wir in der Schlacht
Im Südlands Meer dem wälschen Wikinger geraubt!

(Er bedeckt Yrsa's Haupt mit dem Schleier.)

So! — Dieser königliche Frauenschleier schützt,
Ich hoff' es, deine Wangen vor dem Spott des Neids,
Und kraft des Rechts, das schmückt den Arm der Könige,
Erheb' ich dich in Herrenstand. Du bist mein Weib.
So keine Antwort, Yrsa! Keine! Gib mir nur,
Wenn du mit mir gehst, deine liliengleiche Hand.
Ach, und warum soll ich nicht glauben dürfen d'ran?
Vermählt sich denn des Frühlings frische Blume nicht
Doch manchesmal dem braunen Herbst, wenn sanft und stät
Die Sonn' herunterlächelt durch's rothgold'ne Laub,
Und trauten Liebesblicks der Vollmond Abends glänzt?
Laß dir's nicht bangen wegen meiner raschen Wahl!
Das ist so Seemannsart. Allmählig langsam reift
Und still die Frucht der Freundschaft, doch dem Liebenden
Erblüht das Glück im Fluge eines Augenblicks.

(Mit einem verächtlichen Seitenblick auf die Königin.)

Unächte Steine fand ich in der Krone Gold;

(zärtlich zu Yrsa.)

Im Felsgestein der Wildniß — einen Prachtrubin.

Yrsa.

Ich bin dir gut, ich kann nicht anders; ich bin stolz,
Daß ich dich lieben, als Gemahl dir folgen soll,

Und heimlich doch beschleicht mich wieder ein Gefühl,
Als blühte mir nichts Fröhliches. — O mein Drott und H
So unbedacht nicht wähle! Nicht die Leidenschaft,
Den klugen Rath laß leiten deine Handlungen.

Helge.

Nein, meine gute Yrsa! Auch die Leidenschaft
Hat ihre Rechte. Der genießt sein Leben schlecht,
Der jede Fährte kühl bedächtig untersucht,
Die durch den Wald hindurchführt zu den Höhn des Glüc
Statt graden Wegs hineinzuschreiten in's Geheg.
Mit Einem Mal allmächtig, mit des Sturms Gewalt,
Weckt Wanadis die Herzen. Wenn du ihr nicht kühn
Selbst in die Nacht des Abgrunds und zur Schneekulm selb
Des schwindelnden Gebirgs und seiner Schrecken folgst,
O süße Unschuld du, dann weißt du es noch nicht,
Was Liebesschmerz und Sehnsucht ist.

Yrsa.
                                          Jetzt weiß ich es.

Helge.

Du liebst wohl schon? — Liebst einen Andern?

Yrsa.
                                          So wie di
Liebt' ich in meinem Leben keinen Sterblichen.
Bewundernd schau' ich dich, den König Dänemarks,
Und demuthvoll vor Sachslands Magd als Freier stehn.
Und wie ein Lamm dem Herrn und Hirten, folg' ich dir.
Ob ich die Sehnsucht kenne? — Ach, ich weiß gewiß,
Dir Lebewohl zu sagen, brächte mir den Tod.

Helge.

So komm mit mir, holdsel'ge Braut! — Was acht' ich da
Des hämischen Geredes und der Furcht der Welt?
Gib mir die Rechte, Yrsa, komm mit mir hinaus
Auf meines Wikingsdrachen schöngewölbtes Deck!
Der hohe Priester soll, ehrwürdig anzuschau'n,
Nach Odins uraltheil'gem Brauch dich mit mir trau'n,
Und ehe neu erglänzt des Tages Purpurschein,
Als Helges Weib erwachst du in den Armen mein.
Komm! Wer sein Glück will, läßt der Spottsucht keine Zeit: —
Das was geschieht, weckt stets der Thoren Haß und Streit,
Gescheh'nes loben sie zuletzt; so ist die Welt,
Die dann das Wunderbare für alltäglich hält.

(Er geht mit Yrsa und seinen Kämpen dem Strande zu; die Königin und ihr Gefolge schlagen den entgegengesetzten Weg ein, welcher zur Veste hinauf führt.)

Chor der Meerfrauen
(welche von verschiednen Seiten her kommen.)

Erste Schaar.

Mit zaubernder List rächen die Meerfrau'n jetzt
Den Todschlag Ymirs,
Welchen grimmgewaltige Mächte
Erschlugen mit blutigen Schwertern.
Denn ehe noch Bör und Bure gelebt,
Am Morgen der Zeiten reckt' er mit Macht hin
Ueber des Abgrunds Nacht seine Riesenwucht.
Denn ihn empfing durch den Samenerweckenden
Funken die eisige Wildniß,
Und Jothunen rangen sich los von ihm.

Zweite Schaar.
Audumbla zugleich kam an das Licht des Tags. —
Aus klarem Salzstein
Leckte des Lastjochs Trägerin sanft das
Gelock, dann das Haupt des Jothunen. —
Doch Odins Gewalt und Wile und We,
Die sprangen voll Harms jetzt gegen den Kämpen,
Ach, und dem Schwert der Starken erlag der Held.
In dem Blut, unzählbar, gingen zu Grunde dann
Schrecklich der Riesen Geschlechter: —
Bergelmer blos entfloh, und sein Weib mit ihm.

Erste Schaar.
Stolz nun, ja stolz schuf nun der Hochmuth
Von dem Bein des mächtigen Kämpen,
Von des Leibs stahlharten Gelenken,
Von dem Zaun der Zähne zuletzt,
Ja, von den Brau'n seines Aug's die Welt,
Die mir den Groll weckt in der Brust: —
Von dem Geripp eines gefall'nen
Riesen erschuf dieses Geschlecht
Prahlerisch eine kleinliche Welt.
Bergelmers Kinder flohn in die Nacht
Eilig hinein des dunkeln Geklüfts. — Doch bald
Werden ja Surtur und werden
Deine Schrecken, o Thor, Schlange und Wolf,
Steigen empor und furchtbaren Grimms
Rächen die Riesen der Nacht.

Zweite Schaar.
Doch in des Meers purpurnem Nachtgrau'n
Denkt der Rachelust mein Geschlecht stets.

Wenn der weisen Fylgien klarer,
Durch die Nacht des künft'gen Geschicks
Dringender Blick mir den Weg gezeigt
Zu eines Mann's furchtbarem Fall: —
Fröhlich des Wehs, eilen heran wir.
Surtur gedenkt unser; darum·
Denkt er an Rache, stößt seinen Qualm
Durch deine Klüfte, Hekla, mit Knall.
Doch eines Tags einmal, eines furchtbar'n Tags,
Bricht seine Kette der Ase,
Stürzt hervor mit des Schwerts Lohe: — das All
Sinkt in die Nacht, und schrecklich gerächt,
Jauchzt das Geschlecht dann der Ran.

Schilflied.

O meine Schwestern! — Fühltet ihr Liebesgram,
Schmerzte dich Sehnsucht, du Silberschuppige!
Hätt' an der Brust ein Buhle geruht dir,
Wie König Frode: — wahrlich, dann brächst du in
Thränen aus gramvoll, wie ich selbst; dann sprächst du in
Tönen aus allnächtlich den Schmerz der Wehmuth.
Denn starken Arms umschlang er im Erlengrün
Mit glühendem Kuß meinen blühenden Leib,
Und stolz wohl rühmt' ich mich da eines Schildungen Braut,
Wo zu Schilfliebs göttlicher Ehr'
Altäre standen am heiligen See,
Und wo in der Nacht das Feuer ihr lohte.
Doch unten im höllischen Pfuhle des Abgrunds,
Im ewigen Gluthmeer, schrecklicher wie die Gluth,
Worin unrühmlich er umkam, wehe, der Sohn von

Dria. 5

So vielen und herrlichen Kön'gen,
Da sitzt er im Saal nun Utgardaloke's,
Und blickt so starr, mit Augen so blutroth,
So blaß und fahl, durch die Schlangengewölbe. —
Doch der Loke der Nacht, er gibt mir heraus,
Er gibt mir hieher meinen Frode heraus,
Hieher ins offene Meer,
Nicht, wie der See Unholde, schrecklich zu schauen,
Sondern wie vormals, lieblich und schön,
Mit dem Schwert und der goldenen Königskrone,
Sobald es mir selbst, mit List und Gewalt,
Nur endlich gelingt, von dem Grün hinweg
Der Erde zu tilgen der Schildungen Stamm
Und ganzes Geschlecht. — D'rum helft mir nunmehr,
D'rum helft mir, ihr liebenden Schwestern!

Chor der Meerfrauen.

Sei fröhlichen Muths! — Eine Wolke steht
Da drüben bereits, Todschwanger und schwarz,
Ueber Helges Mast. Ha, Sohn des Zornes,
Wie schwoll dir der Groll? — Warum brachte dein Stolz
Meerfrau'n so in Wuth? — Kein Gott nun vermag
Dir die Qual mehr freundlich zu lindern.
O wehe nunmehr dir, wehe, wehe,
Dir König Helge! — Mit Grauen ergreift's
Anjetzt mir die Sele. Nicht lockt es mich mehr,
Dich Armen zu schauen, starr, wuthbleichen Gesichts, und
Verzweifelnd im Schmerz des unsel'gen Geschicks.
Denn starr und fahl wohl, o Helge, soll dir der Blick
Dann hangen am blauen Gewölbe,

Und fragen die ewigen Sterne, rathlos,
Wenn dir der Rache furchtbare That
Als gethan ankünden die strengen,
Die unerbittlichen Nornen.
(Festjubel hinter der Scene).

Schilflieb.

Wehe! Wehe!
Hör' ich nicht dorten
Herab von dem Deck des
Königsdrachen
Frohes Gejauchz und
Hörnerschall?
Ja, wehe, wehe,
Dreimal wehe
Dir dann, du stolzer
Schildungenenkel!
Denn dann ist's ge s ch e h n,
Und vollbracht ist meine
Und Olufs Rache!
Geschmückt von Lokes
Und Helas Händen
Ist Helges und Yrsas
Graunvoll schreckliches,
Unerhörtes
Und schändliches Brautbett.

Chor der Meerfrauen.

Seht! In Gedanken heranwankt
Dorten die Kön'gin,
Blaß wie der Tod. —
Herab von dem Saal der

Thürmigen Veste
Treibt sie die wilde
Reue nunmehr.
Seht, wie die wüthenden
Schlangen des Schmerzes
Jetzt ihr die Wangen
Bläulich umzüngeln!
Wehe! Wehe!
Jetzt ist es fruchtlos,
Zu zagen in Schwachheit,
Jetzt ist es zu spät!
Denn geschehn ist geschehn: —
Keine göttliche Macht
Kann wenden Gescheh'nes.

Jetzt, Seevögeln vergleichbar,
Tauchen wir wieder
Unter ins kühle Gewoge der Fluth,
Lauschen durch's üppige,
Dichte Gebüsche des Strands,
Lachen der Qual, und scherzen dazu
In dem Schaum der purpurnen Welle.
Fröhlichen Muths und glänzenden Aug's
Besteigen wir jetzt
Den grünlichen Rücken des Seepferds,
Reiten dahin durch's blaue Gefild,
Blasen mit Macht hinein in das Horn
Der schöngewundenen Schnecke,
Und sinken zuletzt sanft, lieblich und still
Hinunter in's ewige Meer.
(Sie verlassen den Schauplatz.)

Königin Oluf
(tritt auf, gefolgt von einem Herold.)

Oluf.

Kam denn der Bote schon von König Helges Schiff?

Herold.

Er ist bereits zurück und unterwegs hieher.
Voll Unmuths geht der König sturmschritts hinter ihm.
(Sie winkt; der Herold entfernt sich.)

Oluf
(allein.)

Ich kann's nicht thun! Denn eine solche Rache ist
Doch allzugrimm und furchtbar: — gegen ein solches Gift
Sträubt selber die Natur sich krampfhaft und entsetzt.
Mich riß der Sturm der blinden Leidenschaft dahin,
Der Stolz, den du so grausam und unmenschlich schwer
Gekränkt, o König Helge! Deine Schuld ist es,
Wenn ich wie du an Rache dachte ruhelos,
Denn sechzehn Jahre haben deinen Haß noch nicht
Gekühlt, und deine Rachlust, Unversöhnlicher!
Gleichwohl, was kann die arme, süße Unschuld denn,
Was kann denn die allgüt'ge, heilige Natur
Dafür, daß der Barbar so sinnlos tobt und rast?
Soll eines Kämpen Uebelthun an einer Frau
Jetzt eine That des Gräuels zeugen und des Fluchs,
Daß selbst die Sonn' ihr Angesicht in Wolken birgt
Und daß des Mondes Silberglanz davor erbleicht? —
Nein, ihr im Kleid von Schnee, ihr ewigen Schicksalsfrau'n,
Die ihr da sitzt am Quell der Zeiten, stumm und starr
Und regungslos hinunterblickend in die Fluth,
Davor erschreckt ihr selbst. Ein solches Graungeschick

Webt in dem Sturm der Nächte nicht die hohe Skuld
Am Webestuhl der Zukunft. — Ehe das geschieht,
Reißt Thor den Eichenwald mit seinen Wurzeln aus
Und pflanzt die Pracht der Kronen, niederwärts gekehrt,
In den Grund hinab der Erde: — selbst das Meer steht still
In seinen Ufern, gleichwie Blut gesteht und stockt,
Bevor der Vater..... Ewige Mächte! Wenn's denn doch
Zu spät schon, wenn's geschehen wäre? — O!
Wie Schierlingsgift so eisig kalt, und bald wie Feu'r,
Hinzuckt's mir durch die Adern wild. — Da ist er schon!
Der Thor! Er ist voll Zorns, daß ich ihn störe, daß
Ich ihn im Hochzeitsglücke vom Gelage riß,
Woran er taumelnd schon den Kelch des Todes schwang.

Helge
(tritt auf, mit ungeduldiger Eile.)

Was soll ich denn, du ewige Verfolgerin?
Warum in Yrsa's Armen läßt du mich nicht ruhn?

Oluf.

Nachtwandler, schrecklich blinder du! Du weißt noch nicht.
Daß du dem Rand des Abgrunds zuwankst, und daß ich
Dir nur ein Wort zu sagen brauche, nur ein Wort,
Um dich mit Einem Stoß hinabzustürzen von
Den Höhn des Glücks.

Helge.

So sage mir dieses Wort geschwind,
Du Quälerin, und spare jedes weitere!

Oluf.

Unsel'ger Mann! Erst sage du mir selbst einmal:
Ist Yrsa dein Gemahl bereits? — Ist sie schon dein?

Helge.

Ja, sie ist mein. Den Treueschwur vernahm schon Lofn,
Getrunken ist bereits der Becher Asathor's,
Und lächelnd winkte Freia durch der Wolke Riß
Mit Sternenblick dem Bräutigam im Arm der Braut.
(Die Königin fährt entsetzt zurück und bedeckt sich mit dem Mantel das Gesicht.)

Helge.

Was birgst du so im Purpur dein Gesicht? — Ich soll
Wohl deinen Grimm nicht schauen und die Qual des Neids?

Oluf.

O erlöscht, erlöscht da droben, ewige Himmelslampen ihr!
Decke dich mit Nacht, du Erde! Schaudre, heilige Natur!

Helge.

Welches Ahnungsgrauen ergreift mich! Fluche, Kön'gin! Donn're zu!
Schrecklich ist mir deine Rede, schrecklicher dein Schweigen noch.

Oluf.

Ha, so will ich reden! — Höre, Helge! Wie mit Schlangenbiß
Fall' er an dich, der unmenschlich wilde Wahnsinn meines Grimms!
Furchtbar, wie mit Keulenschlägen, treffe dich das Schreckliche!

Helge.

Asathor! Was muß ich hören?

Oluf.

Ja, du mußt mich hören, Schuft!
Tröpfeln will ich still allmählig dir durch's Ohr das höll'sche Gift.
Traun, die Königin der Frauen, Hertha wird ihr Angesicht
Gnädig neigen meinem tiefen, meinem wild empörten Schmerz.
Schwachheit ist einmal, und wäre seine Brust in Stahl gezwängt,
Schwachheit ist das Loos des Weibes. Wehe, wehe d'rum dem Mann,

Welcher das Gemüth der Schwachen mit erbarmungslosem Stolz
Grausam an den Haß, an's ruchlos Uebermenschliche gewöhnt.
Rede, Wütherich! Wer that es? — Du. — Ich selbst war
　　　schön und stolz,
Und mein Stolz, gleich jungem Julmeth, überschwoll den
　　　Becher oft.
Doch indem ich hohnsprach damals deiner Brautfahrt Sturm
　　　und Drang,
Was verlor denn deines Armes, deines Schwertes Ruhm
　　　und Glanz? —
Eines Königskinds unschuld'ger, harmlos übermüth'ger Spott
Kann er dich denn so beschimpfen? — Und was ist dir denn
　　　geschehn?
Beim Gelag im Glück des Rausches schnitt ich dir die Locken ab: —
Auf's Verdeck dann heimlich bringen ließ ich dich im Ledersack. —
Schau, da schnaubte der erboste Drache deines Stolzes Wuth. —
Neu erglänzen deine Locken; doch du nahmst mir mit Gewalt
Was mir nicht der Glanz der Krone, nicht die Welt mehr,
　　　wiedergab,
Und gefühllos meiner Klagen lachte deine Schadenlust.
Da erwachte im Gemüthe schrecklich mir der wilde Haß,
Ach, und was wie Thau des Himmels andre Frauen süß erquickt:
Lieblich an der Brust zu wiegen eines lieben Kindes Bild: —
Stündlich gleich geheimem Gifte fraß es an der Leber mir.
So in Yrsa's zarter Unschuld sah ich nicht die Tochter mehr,
Sondern eines Kobolds Züge, sondern ein Geschöpf der Nacht.
Spott und Hohn war mir ihr Lächeln, ihr Geschrei der Nach-
　　　hall blos
Meines Schmerzes, meiner Klage damals in der Nacht am
　　　Strand.

Sechzehn Jahre des Exiles bargen Yrsa meinem Blick,
Doch der Schnee von sechzehn Wintern kühlte nicht in mir
    den Haß.
O! Nicht ich bin deine böse Fylgie, deine Thorheit ist's;
Denn gerächt schon einmal, schmählich war gerächt schon, was
    ich that,
Fröhlich in der Luft des Scherzes: — und erhitzt von blin-
    der Wuth,
Lechzte doch nach neuer Rache deine Sele ruhelos.
Da erbarmten sich die Mächte Helheims endlich meiner Qual,
Und das Gift, das mir gemischte, brachte selber dir den Tod.

Helge.

Unglückseligster der Väter ich! — Was ist es denn, bei'm Thor!
Was ich that in meiner Blindheit?

Oluf.

                        Hör's, du Stolzer! — Ahnungslos
Hast du in dem Brautbett endlich deiner Rache Frucht gepflückt: —
Meine Leibesfrucht und deine, Yrsa heimgeführt als
    Braut.

Helge.

Das war keines Weibes Rede, das war nächtlich Wolfsgeheul!

Oluf.

Ja, zum heulenden Gespenste machte deine Unthat mich.
Mußt' ich in der Sele Tiefen binden das Gescheh'ne nicht?
Liebt der Schmerz der Niederlage, sucht der Gram das Licht
    des Tags?

Lüge war mein Gruß und Lächeln, falscher Schein mein froher
  Muth,
Wenn ich stolz zu Roß dahinflog, wenn ich mich im Thron erhob.
Nur die Nacht war meine Freundin; schwermuthvoll im Mon-
  denglanz
Schritt ich hin durch Wald und Aue, schweift' ich längs des
  Uferschilfs;
Schau, dann kam's heran im Nebel, unten rauscht' es in
  dem Rohr,
Und die Nixe mit der Schleppe, mit dem Schleier silberklar,
Schilflieb schwebt' empor vom Grunde. — Sie erhitzte
  meinen Haß,
Goß mir Gift ins Ohr und hetzte meine Rachelust zur Wuth.
Und die That — sie ist geschehen. Meine Rache ist vollbracht.
Und gelebt ist meines Elends langer Tag. — In Nacht und
  Grau'n
Such' ich Nichts mehr jetzt, ich habe Nichts im Licht zu
  suchen mehr.
Süß ist mir der Tod nun; Nastrands Schlangensaal erschreckt
  mich nicht,
Denn die schrecklichste der Schlangen nähr' ich in der eig'nen
  Brust.
Nimm den Dolch denn, König Helge! Kühle deinen Haß
  in Blut!
Fruchtlos um das Glück der Erde haben wir gespielt bis jetzt,
Komm, ich hab's gewagt! Wir würfeln um des Tods Gewinn
  anjetzt!
Da! Ich blöße dir die Brüste, die ich deiner Braut gereicht.
Stoße zu einmal, und bohre bis an's Heft den Stahl hinein!
Sterben will ich, nur verschone mich mit deinem Thränenblick!

Helge.

O du Freund und Held des Friedens! Bruder du im Buchenwald!
Wohl dir, denn hienieden hast du dir das beste Theil erwählt.
Sanft und ruhig, still und friedlich, gleich dem Bach im
    Herthathal,
Rann das Blut in deinen Adern: — meines glich dem
    Meer im Sturm.
O warum in meinem Stolze, o warum gehorcht' ich nicht
Deiner Milde, deiner Güte, deinen weisen Warnungen? —
Schrecklich straft mich nun die Norne. Tollkühn zu den
    Höhn empor
Schwang ich mich des Lavaberges, blickte in die Gluth hinein;
Ueber seinen Kratertiefen lacht' ich kühn des Flammenspiels,
Und nun schwind'l ich, und nun fall' ich in die Nacht hinab
    des Schlundes.

Oluf.

Tödte mich mit deinem Dolche, tödte nicht mit deinem Wort!

Helge.

O du, welcher da allmächtig wohnt im Licht in Walaskjalf,
Ewiger! Vor deinem Auge steht mein Glück und Ende klar.
Gib mir Kraft im letzten Kampfe! Laß mich sterben deiner werth!
Mit dem Schwert in meiner Rechten, ruhig lehnt' ich an
    dem Mast,
Während rings die Schlacht erdröhnte und das Blut in Strö-
    men floß
Niederwärts von bleichen Schädeln, und herab mit einem Fluch
Rücklings der verweg'ne Streiter stürzte ins Gewog der See.
Siegervater! O vergib mir jede kleine Leidenschaft,

Die den Jüngling nahm gefangen, und womit ihn früher oft
Trügerische, falsche Fylgien hämisch in ihr Garn gelockt.
Jede Folge will ich tragen meines Thuns, mein Glück ist hin;
Doch ich weiß es, deinen Achtfuß schickst du zu dem letzten Ritt
Freundlich mir herab, und herrlich schwebt den Sternen zu
   dein Held.

Oluf.

Läßt zurück du deine Yrsa, deine Buhle geht mit dir:
In das Grab dir will ich folgen, gib mir schnell den Todesstoß!

Helge.

Fahr' hinab in deine Nächte! — Deine Wege wall' ich nicht,
Giftige Schlange meines Lenzes, Irrlicht meiner Tage du!
Soll mir denn der Schmerz der Erde, soll mir denn der Groll
   der Welt
Folgen bis dahin, wo Freia in der sel'gen Schönheit sitzt,
Bis hinauf zu Odins Throne, zur Einherierschaar hinauf?
Wähnst du in der That, dem Kämpen droben in Allvaters Haus
Reichte leichenblaß, hohläugig, eine Hexe dar das Horn
Zum Willkommen in Walhalla? — Glaubst du in dem Reich
   des Lichts
Jenes Nebelmeer zu finden, d'rin die Nixe nächtlich spukt? —
Bleibe du in deiner Höhle! Selber schufst du dir die Qual.
Gramumwölkt, in langen Schleiern, tanzen Schemen da umher,
Welche dir erzählen werden von der Nacht des Todtenlands,
Wo bereits von weichen Schlangen Hela dir das Bett gemacht.

Oluf.

Mir ist's gleich; — doch deine Yrsa? Sprich, was soll mit
   ihr geschehn?

Helge.
Meine Yrsa, die ist schuldlos; Balder in Walhalla wacht
Ueber meines armen Kindes, meiner Braut unschuld'gem Haupt.
Trüben soll sich nicht ihr Auge, wenn sie denkt des Rachewerks,
Das beschimpft den unglückſel'gen väterlichen Bräutigam. —
Ledig bin ich nun des letzten Bandes, welches mich geknüpft
An's Gestade meiner Heimath, an die Welt. — Hinaus darum,
Wiederum hinaus in's Blaue, du mein Schiff und du mein Heer!
Eia, meine raschen Jungen! Hißt die Segel neu hinauf!
Laßt mit Macht den schwarzen Meerschwan sausen durch das
     Salz der Fluth,
Laßt ihn stolz die schnee'gen Flügel spreizen in dem Glanz
     des Monds!
Stahl umschnüre eure Brüste! Stoßt vom Strande! Hör-
     nerschall
Schmett're lustig durch's Gewoge, rufe zum Gewühl der Schlacht!
Tapfre Friesen! Schottlands Riesen! Kämpen von der Orkenei!
Eilt, um schleunig zu versuchen meines Armes letzte Kraft!
Eia, Steven gegen Steven! Mast an Mast und Deck an Deck!
Laßt den Aar ins Schiff des Feindes schlagen seine Kupferklau'n!
Und wenn dann der Quell des Blutes purpurn durch den
     Panzer spritzt,
Lachen wir des Tods und reiten gen Walhalla mit Gesang!
     (ab.)

Folkwar
(tritt auf.)

O Kön'gin! Asathor! O Freia!

Oluf.
     Ha, mein Held!
So gehe denn voran den Weg des Tods, des Ruhms!

Folkwar.

O Königin! So höre doch einmal!

Oluf.

Hinweg!
Ich will nichts hören. Gehe deiner Wege jetzt,
Furchtsamer Graukopf! Kehre wiederum zurück
Zum Frieden und zur Ruhe deines Fischerdorfs,
Und dank's dem Gott, dem freundlichen Aegir dank's, der dir
Ein Loos beschied, so glücklich und beschränkt wie dein's.
Wie gäb' ich jetzt mit Freuden meine Krone hin
Für deinen kleinen Nachen und dein Netz! — Dein Meer
Ist jetzt nicht halb so sturmbewegt wie Olufs Brust.

Folkwar.

Ach, rette . . . . . komm mit mir!

Oluf.

(Es ist zu spät!

Folkwar.

O laß
In diesem Sturm den Muth nicht sinken, Königin!

Oluf.

In's Auge blick' ich ruhig jetzt der Hela selbst.

Folkwar.

Da ist sie schon! Da wankt sie still des Weges.

Oluf.

Von Yggdrasil die Hohe, Strenge, Schreckliche, Wer?
Das Angesicht vor Schauder abgewandt?

Folkwar.

Die arme Yrsa. Es ist

Oluf.

Wehe! Zehnmal schrecklicher.

Folkwar.

Ach, höre . . . . .

Oluf.

Rede! Deine Stimm' ist Menschenstimm',
Ist nicht wie Helge's Rede dumpf und schauerlich
Gleich nächtlichem Geächz der Grüfte.

Folkwar.

Königin!
Sie weiß es jetzt. — Sie weiß ihr ganzes Mißgeschick.

Oluf.

So? — Sitzt der Pfeil? — Erzähle!

Folkwar.

Schilflieb kam des Wegs....

Oluf.

Und sprach sie?

Folkwar.
Sprach sie drunten am Gestade, ja.
„Willkommen, Yrsa!" schrie sie, „Helges Tochter-Braut,
Vermählt mit deinem Vater..... weißt du es? ....
 der dich
Gezeugt aus Olufs Schooß! ..... Glückauf zu solchem Bund? —
Doch daß das Ohr mir gelle, sehn' ich mich just nicht,
Von eures Hochzeitsjubels wildem Wehgeschrei.
Mit meinen Schwestern schwimm' ich jetzt gen Sikilö,
Und nicht so bald wohl komm' ich wiederum hieher." —
Sie sprach's und sprang im Mondenglanz ins blaue Meer,
Und pfeilschnell durch die Fläche glitt sie hin, gefolgt
Von vielen andern Meerfrau'n, silberschupp'gen Schweifs,
Schneebusig, wie die Schwäne; ferner sah ich sie
Und ferner dann erglänzen in dem Licht des Monds,
Und endlich mit Gesange zogen sie davon.
Doch starr und sprachlos blieb die arme Yrsa stehn,
Und marmorblaß zu schauen wie die Jungfraunlei,
Die ihre bleichen Wangen spiegelt in der Fluth.
(Die Königin in wilder Verzweiflung ab.)

Yrsa
(kommt mit einem Dolch in der Hand.)
Diesen Dolch
Gab er mir selbst,
Mit Demanten besetzt,
Mit dem Blut des Rubins: —
Er soll den schuldlos
Heiligen Frieden,
Mir wieder geben,
Und Ehr' und Glück.

Folkwar.
Kindlein, geliebtes!
Yrsa.
O schöne Tage,
Da ich es war,
Dein liebes Kindlein,
Im Haus am Strand,
So harmlos glücklich
In meiner Armuth,
(Eine Fischerin!
Da wußt' ich noch nichts
Von Pracht und Herrlichkeit,
Von Gold und Seiden.
Da schritt ich des Morgens
So heiter zum Strande,
In meinem armsel'gen
Woll'nen Kleide,
Im Arm die Angel,
In Händen den Thonkrug
Voll kühlenden Frühtrunks,
Geschöpft am perlenden
Quell des Gebirgs.
Folkwar.
Hör' mich doch, Yrsa!
Yrsa.
Ich kann dir nicht folgen,
Schneeweißer Folkwar!
Mit dir nicht kann ich
Anjetzt mehr heimgehn

Zum Thal der blühenden
Hopfenranken.
So grüße mir freundlich
Denn meine Lilien,
Reseda und Akelei
Grüße mir schön!
Sitzt du dann still an
Winterabenden,
Sitzt du am traulichen
Feuer des Heerdes,
Dicht umkränzt von
Den Mägdlein des einsamen
Fischerdorfes;
Und sagen sie freundlich
Schmeichelnd zu dir dann:
O Vater, erzähl',
Erzähle uns eine
Schöne Geschichte!
Eine, die neu ist,
Und schrecklich zugleich!
Sagen sie so zu
Dir, du Geliebter,
O, so erzähle
Dem lauschenden Schwarme
Die Mähr von der armen
Hirtin und Fischerin;
Welche das Schicksal
Zur Kön'gin erhob,
Und welche sich selber,
Nachdem sie vernommen,
Wer der Gemahl,

Der mächt'ge gewesen,
Dem sie ins Brautbett
Schuldlos gefolgt,
Den mordenden Dolchstahl
Stieß in die Brust.
Mit Staunen werden
Sie deine Erzählung
Hören und schaudern,
Und werden sagen:
Vater! Nicht wahr, das
War keine wirkliche,
Wahre Geschichte? —
Ach, und sie ist doch
Nur allzuwahr leider
Und wirklich gewesen!
Yrsa hat selbst sie
Schrecklich erlebt.
Laß dann den Zweifelnden
Sehn meine Angel,
Sehn meinen Purpur
Und meine Krone!
Bei'm Schein des Mondlichts
Mögen sie schauen
Unter den Weiden
Dorten am Bache
Yrsa's wandelnde
Nachtgestalt,
Blaß, mit dem blinkenden
Dolch in der Brust.

(Sie hebt den Dolch in die Höhe, da läßt sich in der Luft leises Donnern hören, und Freia erscheint auf einer Wolke).

Freia.
Halt, Yrsa!

Yrsa.
Ha! Wer ruft zum Leben mich zurück?

Freia.
Ich bin's! Ich bin die Disa, die die Welt erhält.

Yrsa.
O Himmlische, goldhaarig, lichtblau von Gewand!
Wer bist du? Seltsam wirkt dein Lächeln auf mich ein.

Freia.
Mein Nam' ist Freia, Odins Tochter bin ich, und
Als Liebeskönigin preisen mich die Sterblichen.

Yrsa.
Du bist nicht meine Gottheit. Schicke mir die Hel!

Freia.
Mein eigen ist jedwedes zartere Gemüth,
Das hold von Liebeswonn' erglüht und Liebespflicht: —
Des Weibes höchstes, bestes Glück verheiß' ich dir.

Yrsa.
Ich kann's nicht denken. — Welches Glück noch gäb's für mich?
O sprich!

Freia.
Die Mutterfreude!

Yrsa
(bedeckt sich mit beiden Händen das Gesicht).

Ich Unselige!

Freia.

Was grauenhaft empfangen ward, soll schön erblühn.
Auf Lavabergen reifen Purpurtrauben oft,
Und wunderbar zu schauen, glüht in Sumpf und Moor
Oft eine Goldfrucht hell. Darum sei wohlgemuth!
Der Sohn, den du in deinem reinen Schooß empfingst,
Gereicht einmal zum Ruhme dir; und nicht nur Dir,
Dem ganzen Inselvolk des schönen Dänenlands;
Und wieder nicht nur Dänemarks hochherz'gem Volk: —
Dem ganzen Norden, von der Pracht der Eiderau,
Bis wo an Thules klipp'gem Strand die Jökuln spei'n.
Sein Name wird erglänzen durch der Zeiten Nacht
Gleich einem Stern des Himmels, und sein Ruhm erweckt
Ein spätgeborenes Geschlecht von Sängern noch
Zu Lob und Preis: — Hrolf Krake soll sein Name sein. —
Sein Vater ritt soeben stolz von Grabes Grund
Nach Wikingergebrauche zu Walhalla's Höhn.
Doch Hrolf soll erben Helge's Krone. Nimm ihn mit
Zur Heimath seiner Väter, mit nach Dänemark,
Da soll der gute, fromme Hro ihn dir erziehn
Zu königlichen Tugenden in Leires Hain.
Zu seinem Heerbann werden, seinem Heeroth,
Die edelsten der Kämpen eilen allwärtsher,
Die mit ihm leben werden in der Lust des Kampfs,
Und mit ihm sterben heiter in dem Qualm der Gluth:
Und selbst sein Tod wird wie ein göttlich Abenteu'r,
Wie eine schöne Sage, wie ein Musterbild

Von uraltnord'scher Kraft und felsenfester Treu'
Unsterblich leben im Gedächtniß deines Volks. —
Lebwohl! Lebwohl! Sei wohlgemuth und glaube mir,
Daß jede gute Gottheit deiner Unschuld folgt.
(Sie erhebt sich in die Luft und verschwindet).

Yrsa.

O Himmlische! Dein heilig Wort hat mich gestärkt.

Reigin
(naht sich ihr mit der Krone des Königs Helge; in seinem Gefolge dänische Kämpen).

Heil Dir, o Königin!

Yrsa.

Reigin! Ha, wo ist dein Drott?

Reigin.

Aus Freias Mund vernahmst du es: — in Odins Saal.

Yrsa.

O Vater! Vater!

Reigin.

Gräm' dich nicht! Ihm ist jetzt wohl.

Yrsa.

O rede! Seines Heimgangs Art erzähle mir!
Die Thräne löse freundlich dann des Herzens Qual.

Reigin.

In seines Schmerzes Ueberschwang hatt' er im Sinn,
Ins hohe Meer hinauszustürmen wieder wild,

Um da den Tod zu finden, wo er Ruhm gewann.
Stumm schritt er längs der Küste seinem Schiffe zu;
Doch als er es nun schaukeln sah im Salz der Fluth
Mit seinem schwarzen Busen, und dem Mast, woran
Unheimlich fahl im Glanz des Mondes hin und her
Das Segel schlug und ächzte: — da, gleichwie von Grau'n
Gepackt und jähem Schrecken, und das Haupt gewandt
Zurück zu seinen Kämpen, hub er an und sprach:
„Seht ihr ihn da, den garstigen Drachen? — Seht ihr ihn,
Wie er in unheilschwangerer Ruhe dorten glotzt? —
Mit ihm durchpflügte Frode schon den Schaum der See,
Als er an Wifils Inselstrand voll Eifer sprang,
Die Knaben zu ermorden, im Geklüft versteckt.
Er brachte mich mit meinen Kämpen dazumal
Nach Olufs Königsschloß in meinem Maienglück,
Er schnaubte Rache, während die Verlass'ne schrie,
Er brütete in seinem dunkelnächt'gen Schooß
Jetzt eines Fluchs und Gräuels schwarze Schandthat aus,
Furchtbarer, wie die Giftbrut eines Basilisks." —
Des Königs kleiner Troßbub am Gestade stand
Mit seinem schwarzen Prachtroß, das er hielt am Zaum,
So er zum Ritt es wünschte. — Als der Held anjetzt
Sein Roß erblickte, welches mit gespitztem Ohr
Und ungeduldigen Hufschlags, da es am Geklirr
Der Sporen ihn gewahrte, seinen Herrn empfing,
Erglüht' er im Gesichte, schwang sich stumm hinauf,
Geharnischt, kupferblank, mit Helm und Speer und Schild,
Und ritt wie die Erscheinung, wie die nächtliche,
Des in der Nacht erschlagnen Kämpen, durch die Au. —
Doch unbesucht und einsam, in der Nacht des Walds,
Erhebt sich still, von Buchen ringsumher bekränzt,

Ein mächtiger Heunenhügel, einfach schlicht erhöht
Von unbehauenen Riesenblöcken. Wie die Nacht
So pechschwarz war's hineinzuschauen. Vor der Thür
Lag umgestürzt im Grase, und mit Moos bedeckt,
Der Schlußstein des Gewölbes. — Dieses Grabmal nun
Ließ Königin Olufs Macht bereits vor langer Zeit
Errichten für sich selbst. Oft saß sie da allein
Im Glanz des Abendroths und wenn des Vollmonds Pracht
Blutroth gleich einem Feuerball dem Meer entstieg.
Doch sechzehn Jahre zogen dran vorüber, und
Abwechselnd mit dem Schnee des sternenklaren Juls
Sahn sie die Gruft bedeckt, und mit dem Grün des Mai'n,
Und längst den schwarzen Rachen riß das Thor des Grabs
Nach seinem Todten unheilvoll begehrlich auf.
Bei'm Anblick der stockdunkeln, mit des Hopfenlaubs
Grüngoldnen Ranken übersponnenen Schreckensthür
Begann der Held zu lächeln: — „Dank Dir, Asathor!"
Sprach er im Ton des Jubels, „Dir sei Lob und Preis,
Der du an diesem Unglücksstrand mir alsogleich
Die letzte königliche Ruhestatt gethürmt!
Ihr meine guten Kämpen! Flugs heran anjetzt!
Schließt mir die Gruft, damit mich Surtur feindlich nicht
Verfolgt mit seinem feurigen Schwert! Rasch! Wälzt den Stein
Vor's Grab! Ich bin des Gaukelspiels der Erde müd',
Ich will hinuntersteigen in die Nacht des Tods." —
Er sprach's und nahm vom Helm den goldenen Königskranz,
Der Skjolds und Mykilatis heilige Schläfe schon
Geschmückt, und reicht' ihn mir mit Wehmuth freundlich hin: —
„Den nehmt," das war des Theuren letztes Abschiedswort,
„Und bringt ihn heimwärts, bringt ihn meinem Bruder Hro." —
Als wir nun sahn, dem König stand der Sinn darnach,

Lebend'gen Leibs zu reiten zum Einheriersaal,
Da gaben wir seinen Wünschen nach, und Schwert und Speer,
So oft für Helges Leben in der Schlacht gebraucht,
That seine Pflicht nicht minder treu bei'm Tod des Herrn,
Hinwälzend vor die Thür den schweren Felsenstein.
Nachdem das Grab nun zugemacht und fertig war,
Da hörten wir mit Schauder aus dem Grund heraus,
Wie d'rin der König heiter sang sein Bjarkemal,
Indeß der Hengst stolz wiehernd mit den Hufen schlug,
Doch wenige Minuten nur; dann kam der Tod
Und schloß den Beiden freundlichsanft den Athem zu.

Yrsa.

Ueber die siebenfarbige Himmelsbrücke sprengt
Der Held nunmehr den Pforten von Walhalla zu.

Reigin.

Weine nicht mehr, meine Kön'gin!

Yrsa.

O! Bewundernd weine ich.

Reigin.

Nimm die Krone, Kön'gin!

Yrsa.

Im Gehorchen selig, nehm' ich sie

Reigin.

Auf! Wohlauf, nach Seelands Ufern!

Yrsa.
Ach, wo ist die Arme? Sprecht!

Reigin.
Welche Arme?

Yrsa.
Meine Mutter.

Reigin.
Nenne nicht die Wölfin so!

Yrsa.
Ach, wo ist sie?

Reigin.
Dorten sinkt sie unter in der Fluth bereits.

Yrsa.
Wehe!

Reigin.
Von dem Riff da droben sprang sie in das Meer hinein.

Yrsa
(zu Folkwar gewandt).
Hab' ich dich noch, theurer Pflegevater?

Folkwar.
Felsenfest und treu.

Reigin.
Freue dich des Worts der Freia, weine nicht mehr, hohe Frau!

Yrsa.
Treibt's dich denn hinweg so mächtig?

Reigin.
Ja, mich treibt's mit Ungestüm,
Lebewohl dem Strand zu sagen, der den König mir geraubt.

Yrsa.
Wohlan, ich folge.
Lebt wohl, lebt wohl,
Ihr meines Glückes
Heimathgefilde!
Lebt wohl, ihr klipp'gen,
Grünen Gestade,
Wo schnee'gen Schaumes
Die Fluth emporspritzt,
Und wo im Sturme
Mir freundlich blühte
Die Rose der Kindheit.
Wohlan, so will ich
Folgen dem Rufe,
Der da an mich ist
Ergangen von Freia,
Und denken in Demuth
Selig des himmlischen
Worts in der Brust.
Gebäre ich nicht
Einen herrlichen Sohn?
Einen König dem Norden,
Deß Name soll glänzen

Bei fernen Geschlechtern? —
Blumig nun winkt mir
Die Insel der Hertha.
Freundlich empfängt mich
Dorten der Saal des
Friedlichen Königs,
Und seine stolze,
Thürmige Stadt,
Wo in des Haines
Grüngoldner Dämm'rung
Bricht aus dem Stein die
Quelle des Mimer,
Und wo durch die Aue
Rieseln die klaren,
Heiligen Bäche,
Die drei Mal drei;
Lieblichen Murmelns
Werden sie gehen,
Werden die Klage,
Werden den Schmerz
Mir singen vom Lager.
Zwei Lichtelfen werden
Mir stehen zur Seiten,
So weiß wie der Schnee,
Und werden den Kleinen
Taufen im Quelle.
Werden ihn freundlich
Bringen dem Ohm,
Welcher ihn lächelnd
Setzt auf die Kniee,
Welcher ihn später

Zu herrlichen Tugenden
Herrlich erzeucht.
Und mit dem Glanze
Ewigen Nachruhms
Soll er im Tode
Tilgen das Brandmal
Seiner Geburt.

Reigin.

So segeln wir heimwärts
Mit günstigen Winden,
Heimwärts im Fluge
Zum lieben Gestade
Der Buchen und Erlen!
Denn freundlich holden,
Gefäll'gen Hauches
Bläst Aegir bereits
In's Frührothfunkelnde Segel.

Erläuterungen.

Die mit jener Freiheit und Genialität, wie wir sie in Göthe's Iphigenie in Tauris, und unter den Neueren höchstens in Friedrich Halms Iphigenie in Delphi bewundern, in Aeschyleischen und Sophokleischen Spuren einherwandelnde Tragödie „Yrsa" ist eines der furchtbarsten Dramen des Hasses und der Rache, die jemals geschrieben worden sind. —

Sie ist, wie schon am Schluß der Erläuterungen zum 1. Theil des „König Helge" bemerkt worden ist, der 2. Theil dieses Gedichtes, und erzählt die Rache sowohl Königin Olufs, als die der schwerbeleidigten Meerfrau, worauf auch der Schluß der letzten Romanze des 1. Theils mit den Worten:

„Doch nahe ist die Rache"

schon deutlich genug anspielt. —

Erst durch den zweiten Theil des Gedichts erhält der erste seinen wirklichen Schluß und so zu sagen seine dunklere Folie; der Held erscheint in einem bei Weitem poetischeren und menschlich liebenswürdigern Lichte, und der Tadel, der wohl hin und wieder gegen einzelne Züge des ersten Theils, wie König Helges List und Rache in den Rom. XVIII. und XIX. geschleudert worden ist, muß weichen und verstummen vor der ungeheueren Tragik dieses zweiten.

Das Stück ist, wie die der griechischen Antike, in Trimetern geschrieben, abwechselnd mit lyrischen Chorstrophen und am Schluß mit dem so schwungvoll und pompös „den Reigen stampfenden" trochäischen Tetrameter.

Den Inhalt der Tragödie „Yrsa" erzählt die schon im 1. Theil des Gedichtes mehrmals erwähnte Hrolf Krakes Saga im 8. und 13. Capitel mit folgenden Worten:

„So gingen die Tage hin, bis Yrsa dreizehn Jahre alt war; da geschah es, daß König Helge auf seinen Wikingerfahrten wieder dahin kam, und daß er da natürlich baß begierig war, wieder einmal von Königin Olufa zu hören. So zog er denn einen recht elenden Bettlerrock an und schritt geraden Weges in den Wald hinein, und da sah er denn ein junges Mägdlein, welches da saß und die Ziegen hütete. Sie war so schön und lieblich von Wuchs und Angesicht, daß er noch nie ein schöneres Frauenbild gesehen zu haben glaubte. Er fragte sie, wie sie hieße und wer ihre Angehörigen wären. Sie gab ihm zur Antwort, ihr Vater wäre ein armer Mann und sie selbst hieße Yrsa. „Nicht hast du gemeine Knechtszüge und Augen," sagte er zu ihr, und sie that es ihm gleich an, daß er in Lust und Sehnsucht nach ihr erglühte; und sei es, sagte er zu ihr, am einfachsten und besten, wenn sie einen Bettler zum Mann bekäme, da ja auch sie selbst eines Bettlers Kind wäre; weßhalb er denn auch gedächte, sie gleich zu seiner Frau zu machen. Sie bat ihn darum, es nicht zu thun, er kehrte sich jedoch nicht daran, sondern ergriff sie und brachte sie auf sein Schiff, und fuhr dann wiederum heimwärts in sein Reich. — Königin Olufa, als sie es erfuhr, war bestürzt darüber, und es war ihr nicht wohl zu Muthe dabei; indessen that sie nicht dergleichen, als wüßte sie etwas von Dem, was geschehen war, obschon sie recht wohl ahnte, daß König Helge es gewesen sein mußte, der ihr das zum Spott und zum Aerger, und nicht Freundschaftshalber angethan. König Helge machte nun Hochzeit mit Yrsa, und liebte sie von ganzem Herzen.

Königin Olufa brachte in Erfahrung, daß König Helge und Königin Yrsa einander sehr zugethan und sehr glücklich mit einander wären. Das war ihr ärgerlich und sie fuhr heimlich mit einem Schiff hinüber nach Dänemark. Als sie daselbst ankam, schickte sie einen Boten an Königin Yrsa, um es ihr zu sagen.

Die kam zu ihr und lud sie ein, zu ihr in den Königssaal zu kommen. Das lehnte sie jedoch ab, indem sie angab, daß sie doch dem König Helge gar wenig Gutes dafür zu bringen habe. Yrsa sagte: „Eine schlechte Behandlung hast du mir zu Theil werden lassen, wie ich bei dir war. Du weißt wohl Näheres in Bezug auf meine Herkunft? Denn es ahnt mir, daß es nicht so damit zusammenhängen dürfte, wie man mir damals gesagt hat, nämlich, daß ich von so gemeinen Leuten herbin. Olufa sagte: „Das läßt sich denken, daß ich Näheres davon weiß. Ich bin ja gerade deßhalb herübergekommen, um es dir zu sagen. Erst muß ich dich indeß einmal fragen, ob du mit deiner Heirath zufrieden bist?" — „Freilich bin ich das," sagte Yrsa, „da ich den besten und mächtigsten König des ganzen Nordlands zum Mann habe." — „Prahle nur nicht allzusehr mit deinem glänzenden Glück," sagte Olufa; „denn König Helge ist, damit du es weißt, dein eigener Vater, welcher dich durch eine Gewaltthat mit mir selbst erzeugt hat." — Yrsa sagte: „Wenn das wahr ist, dann bist du die schrecklichste und schonungsloseste Person, die ich jemals gesehen habe; denn was du mir da so schadenfroh erzählst, ist eine so seltene und furchtbare Geschichte, daß man daran denken wird, so lange die Welt steht." — „Daran ist Helge Schuld," sagte die Königin von Sachsland, „und der Haß, den ich gegen ihn habe; doch komm jetzt zu mir in mein Reich, Yrsa; ich will dich da behandeln, wie es dir und deinem Stande gebührt, und will an dir thun, was ich kann." — Yrsa gab ihr zur Antwort: „Ich weiß nicht, was daraus noch werden wird; da in Dänemark kann ich indessen jetzt unmöglich mehr länger bleiben, nachdem ich weiß, daß der Fluch eines so unerhörten Ereignisses auf meinem Haupte ruht." — Sie begab sich sogleich zu König Helge und erzählte ihm, was Schreckliches geschehen war. Der König sagte: „Die Königin von Sachsland ist ein Scheusal, doch ich will, daß es bei Dem bleibt, was sich nun doch einmal nicht mehr ungeschehn machen läßt." — Sie wehrte sich jedoch mit Gewalt dagegen und sagte, daß es ihr für ihre Person wenigstens jetzt nicht mehr möglich sei, noch länger mit ihm zu leben. — Yrsa zog nun mit Königin Olufa nach Sachsland und lebte daselbst geraume Zeit. Helge nahm sich die Sache so zu Herzen, daß er sich zu Bette legte und sehr traurig war. — Dazumal waren Mann und Weib der Ansicht, daß es in den nordischen Landen gar keine bessere Partie gäbe, als Königin Yrsa. Indeß gingen Jahre darüber hin, bis andere Könige kamen und sie zur Braut begehrten; was wohl darin seinen Grund gehabt haben dürfte, daß man in Furcht war, König Helge möchte kommen und sich rächen." —

Im 14. Capitel erhält dann endlich **König Adils von Upsala Schön Yrsa zur Ehe.** —

Noch anders erzählt S. Sturleson die Sage in seiner berühmten "Heimskringla," wo es im 32. und 33. Cap. der "Ynglingasaga" unter Andern heißt:

"**Adils** war damals König von Upsala, und machte eine Heerfahrt hinüber nach Sachsland, woselbst Geirthiofr König war und sein Weib **Alofa** Königin: — unter einer Schaar von kriegsgefangenen Hirtinnen erblickte Adils eines Tages die schöne Yrsa, begehrte sie zur Braut und führte sie mit sich nach Schweden. — — —

König von Hleidra war damals Helge. — Er kam nach Schweden mit einem so starken Heer, daß dem Upsalakönig nichts Anderes übrig blieb, als weiter aufwärts zu fliehen. — König Helge nahm die Königin Yrsa gefangen, führte sie mit sich nach Hleidra und nahm sie nun selbst zur Ehe. Ihr Sohn war Hrolf Krake. — Als Hrolf zwei Winter alt war, kam Königin Alofa nach Dänemark hinüber und erzählte der Königin Yrsa, daß ihr Mann, der König Helge, ihr eigener Vater wäre. — Da begab sich Yrsa wieder zurück nach Schweden zu König Adils und war Königin daselbst. — König Helge jedoch kam noch während dieses Heerzuges durch das Schwert um."

Saro, im 2. Buch seiner dänischen Geschichte (Saxonis Grammatici historia danica, die treffliche Kopenhagener A. in 3 BB.), läßt den König Helge als schonungslosen Seeräuber auf der Thorinsel die schöne **Thora** mit Gewalt rauben, und mit ihr eine Tochter zeugen, Namens Urſa, d. h., wie er es aus dem Lateiniſchen überſetzt, eine Bärin.

Bei einem ſpätern Wikingszug Helge's rächt ſich Thora, welche den ihr angethanen Schimpf nicht verſchmerzen kann, dadurch, daß ſie dem Könige die indeß herangewachſene Urſa zuführt und es ſo recht darauf anlegt, daß er die Schuld eines ſcheußlichen Inceſts auf ſich ladt. — Saxo bricht darüber in einen Strom von Schmähungen aus gegen die Infamie und den argen, diaboliſchen Sinn der Weiber, und hat ſo zu ſagen kein Wort für die Bezeichnung einer ſo bodenloſen Schlechtigkeit. Auch ihm iſt jedoch Hrolf Krake der Stern des Nords, der wunderbar aus der Nacht dieſes blutſchänderiſchen Bundes zwiſchen Helge und Thora hervorgeht.

Nachmals erfährt Helge, daß Hro von dem Sohn des Schwedenkönigs, des ſagenberühmten Helden **Ragnar Lodbrock**, Namens **Hothbrot**, in der Schlacht erſchlagen worden ſei, rächt ſeines Bruders Tod, indem er Hothbrot ſchlägt und in die Flucht jagt, erhebt den jungen Hrolf auf den Schild, und macht zuletzt, aus Schmerz und Gram wegen des ruchloſen ihm widerfahrenen Schimpfs ſeinem Leben durch Selbſtmord ein Ende, indem er ſich ins Schwert ſtürzt.

(Weitere Nachweiſe finden ſich unten an Ort und Stelle.)

Zur 1. Abtheilung der Tragödie.

— — — In dieſer Höhle war's,
Wo ich der argen Meerfrau damals ſchwor den Eid,
Zu haſſen jenen Helge ꝛc. ꝛc.

Vergleiche die 21. Rem. des 1. Theils, wo es heißt:

„Ich fordre für die Hilfe gut
Nur Ingrimm gegen Helges Blut: —
Schwör' mir's! — Dein ganzes Leben
Sei Haß und Rachestreben!"

Sie schwor es ihr 2c. 2c.

Ich schwor, zu rächen dich und mich an Halfdans Sohn.
S. die Anm. zum 1. Theil des Ged. pag. 149 ff.

Denn wenn mein Schicksalsrabe wahr geweissagt 2c. 2c.

Ueber die sprechenden und zukunftskundigen Vögel s. die Anm. zum 1. Theil pag. 190 ff. — Der Rabe ist der heilige Vogel Odins (s. die Anm. zum 1. Theil pag. 157), und ein Rabenpaar sitzt ihm auf seinen Achseln, welches ihm Tag für Tag Botschaft bringen muß rings von der weiten Erde.

— — — — Ran
Wird dich hinunterziehen in die Nacht der Hel.
S. die Anm. zum 1. Theil pag. 158 ff. und 175 ff.

O schau, wie stolz da droben von dem Felsgestad
Das Schloß mit seinen Thürmen glänzt ins Meer hinaus.

S. die 14. Rom. des 1. Theils (König Helges Brautfahrt), wo es von Oln's Königsschloß heißt:
So stolz in's Blau der Welle die Thürme niedersahn.
Gar kühn am wald'gen Felsen das Schloß zu schauen was,
Es war vom edeln Steine und grün wie Wiesengras.

Und herzlich dankt' ich's Aegir'n 2c. 2c.

S. die Anm. zum 1. Theil das Ged. pag. 183 und pag. 175 ff. (unter Rana).

... um zu prangen in dem Kranz der Frau'n
Der anmuthvoll den Thron der Herrlichen umblüht.

Fast buchstäblich mit den nämlichen Worten sagt Calderon von der schönen Königin von Palmyra:

.... umkränzt von einer Schaar von Frauen,
Die Rosen glichen, wo sie selbst nicht wäre,
Ließ sich die Göttliche, die Schöne schauen.
(Calderon de la Barcas Königin Zenobia, Akt 1.)

.... Der Mann, der dich erzog,
Ein franker Fischer ist er, er ist Wikinger,
Sein Loos ist frei wie das des freien Ozeans.

Vgl. die Anm. zum 1. Theil des Ged. pag. 176 ff. unter: „Als kämen Wikinger herangezogen."

Ihr Ewigen Walhalla's!

S. die Anm. pag. 167 zum 1. Theil, sowie K. Simrock's deutsche Mythol., 2. A. pag. 207 ff.

Ob ich an deinem Hofe, ob ich anderwärts
Hinschleppe meine Tage, mir ist's einerlei
2c. 2c.

Vgl. die schöne Stelle im 8. Gesange von Tegnérs Frithiofs= sage, wo Ingeborg mit den so einzig rührenden Worten dem Ge= liebten und dem Glück Lebewohl sagt:

„Erlischt das Abendroth in deinen Wogen,
Mit seinem Glanz will ich dir Grüße senden;
Des Himmels Wolkenschiffe nehmen wohl
An Bord die Klage der Verlass'nen mit.
So werd' ich im Gemach der Frauen einsam
Um meines Lebens kurzen Frühling trauern,
Gebrochne Lilien im Gewande sticken,
Bis sein Gewand der Lenz gewebt, und voll
Mit schönern Lilien stickt auf meinem Grabe."

So soll ich euch verlieren, goldene Flechten ihr?
2c. 2c.

So sträubt sich auch der thüringische Herzogssohn in Gottfried Kinkels berühmtem rheinischem Gedichte mit gerechtem Stolz dagegen, sich sein schönes, langes Haar schneiden zu lassen:

„Da springt der Jüngling auf entsetzt,
Vom strengen Spruche schwer verletzt"
2c. 2c.

V. Jacob Grimm's deutsche Rechtsalterthümer, 1. A. pag. 339 ff. — „Knechten durfte man das Haar nicht wachsen lassen, daß sie wie Freie aussähen."

Zur 2. Abtheilung.

O Reigin! Süße Wehmuth faßt ergreift mich jetzt
2c. 2c.

Vgl. die schöne Romanze: „Frithiof auf seines Vaters Grabhügel" in Tegnérs Frithiofsage:

Wie schön die Sonn' ist! — Ach, wie freundlich milde
Von Zweig zu Zweige hüpft ihr Purpurschein!
Allvaters Lichtblick, in des Thau's Gebilde,
Gleichwie im Weltmeer, hell und klar und rein!
Wie roth besprengt sie Höhen und Gefilde!
O, das ist Blut auf Balders Opferstein!
Bald gehn in Nacht Gebirg und Thäler unter: —
Sie geht, ein gold'ner Schild, in's Meer hinunter.

O Schmerzenslust, dich wiederum zu sehen,
Du meiner Kindheit Welt und holde Wahl!
Ach, noch dieselben Blumendüfte wehen,
Dieselben Vöglein schlagen noch im Thal!
Und strandwärts hör' ich noch die Wogen gehen; —

O, wem sie nie erklang zu seiner Qual!
Sie klingt von Ruhm und Glanz, von Gold und Perlen,
Und lockt dich weg von deiner Heimath Erlen.
ꝛc. ꝛc.
So ist es mit des Menschen flücht'gem Samen nicht,
Der gleich der Ephemere lebt des Rosenmonds.

Schon Aristophanes in seinen „Vögeln" gebraucht dieses Bild:
„Wohlan, hinfälliges Menschengeschlecht,"
sagt er am Anfange der herrlichen Chorparabase:

.... gleich wechselndem Schmucke des Laubes,
Ohnmächt'ge Geschöpfe, Gebilde von Lehm, ihr traumhaft wan=
kenden Schaaren,
Ihr Eintagsfliegen, der Flügel beraubt ꝛc. ꝛc.
(Nach Friedrich Rückerts reizender Nachdichtung in dem Buch:
„Aus Friedrich Rückerts Nachlaß. Herausgegeben von sei=
nem Sohne Heinrich Rückert." Leipzig, S. Hirzels Verlag, 1867.)

Verschwunden, wie ein Traum, ist meiner Tage Sturm,
Und wehmuthvoll und trübe, blieben in der Brust
Erinnerungen einzig mir des Grams zurück.

„Und wie ein traurig Nachtgespenst sank plötzlich jetzt,"
heißt es in Tegnérs Frithiofssage (im 24. Ges.) ähnlich von
dem Helden des Gedichtes,

„Sein ganzes thatenreiches Wikingsleben ihm
Mit seinen Kämpfen, blutigen Gefahren all,
Zurück ins Dunkel. — Und ihm war, als ständ' er selbst
Auf ihrem Grab, ein Bautastein im Blumenschmuck."

Und weder Rothschilds Feste, noch die Wikingslust
Im jungen Frühling, scheuchten mir das Bild hinweg,
Auf meiner Seele dunkeln Hintergrund gemalt.

Rothschilds Feste, d. i. die Gelage und Bankette in Roth=
schild, der von Hro erbauten neuen Königsstadt. — Ueber „die

Wikingsluft im jungen Frühling" s. die Anm. zum 1. Theil des Ged., pag. 176 ff.

Bin ich von Emblas Stamm geboren?

Embla ist die Eva der nordischen Mythologie. Als Bör's Söhne, heißt es in „Gylfis Täuschung" (9.) am Seestrande mit einander gingen, fanden sie zwei Bäume. Die nahmen sie und schufen **Menschen** daraus. Dem Manne gaben sie den Namen **Askr** (Esche), der Frau dagegen den Namen **Embla** (Ulme, Erle), und von diesen beiden kam dann das Geschlecht der Menschen. Vgl. die „**Völuspa**," Str. 17 und 18, sowie **Simrocks** mythologisches Handbuch, 2. A. pag. 33 ff.

Durch meine Adern rauschen wild die grollenden,
Die ewigen Sturmeswogen des empörten Meers.

So sagt auch Nereus bei Goethe einmal (**Faust**, 2. Theil) zu den ihn um ewige Dauer „wohlerworbener Liebeslust" anflehenden Meernymphen:

„Die Welle, die euch wiegt und schaukelt,
Läßt auch der Liebe nicht Bestand."

Bei'm ehr'nen Riesenvolke des Gebirges.

Mit andern Worten: Bei den Riesinnen des Eisengesteines. — Schon eine wichtige Stelle des eddischen „**Hyndluliedes**" (Str. 35.) spricht von einer Riesin **Jarnsara** (zu deutsch die Eisensteinige); und von dem Riesen **Hrungnir**, der mit dem Gott **Thor** kämpfte, erzählt die jüngere E. (im 17. Cap. der „**Skalda**"), sowohl sein Haupt, als seine Brust seien von hartem Stein gewesen. —

Als dir die Brust
Von Sehnsucht und Verlangen wieder schwoll nach mir
Im Buchengrün am Quell des heiligen Leirewalds,
Da kam ich in des Vogels purpurnem Gewand.

S. die 13. Rom. des 1. Theils: „Der Gesang des Vogels im Walde."

Unsichtbar wehrt' ich in der schrecklichen Nacht dem Dolch,
Gezückt im Schmerz des Wahnsinns, und mit Feenarm
Entriß ich sie der Fluth, als in dem Glanz des Monds
Verzweifelnd vom Gestade die Verlaßne sprang.

V. die 21. Rom. des 1. Theils (Olusio Zuflucht und Wiederkehr), wo es heißt:

 Sie hebt empor den blanken Stahl,
 Sie hebt ihn in die Lüfte
   ꝛc. ꝛc.

 Sie hebt den Arm, sie steht am Riff,
 Da, wie mit Geisterhänden,
 Hält's ungesehn am Dolchesgriff: —
 So soll das Spiel nicht enden.
. . . . brausen durch die Tiefen, gleich dem Midgardswurm.

Eine Riesin, Namens Angrboda, gebar dem Loke die drei Kinder Fenrir, Jörmungandr und Hela. Den bösen Fenriswolf erzogen die Götter bei sich, jedoch ergangne Prophezeiungen fürchtend, banden sie ihn an eine unzerreißbare Kette. Eines Tages reißt er sich doch von derselben los und Walvater selbst besteht einen Kampf mit ihm. Die ungeheuere Weltschlange (Midgardsschlange, Midgardsdrache, Midgardswurm) warfen sie ins Meer. Sie ist so groß, daß sie die Welt ringsherum umschlingt und sich doch selbst noch in den Schwanz beißt: — es ist das Meer, welches wie eine ungeheuere Schlange den ganzen Erdkreis umschlingt. — Der berühmte dänische Mythologe N. M. Petersen vergleicht sie mit dem Leviathan der Hebräer und mit der Schlange Ananda der Hindus; und selbst in Südamerika haben sie, wie Spix und Martius erzählen, einen Mythus, der mit dem von der Midgardsschlange Aehnlichkeit hat: — es ist der Mythus von dem brasilianischen Strome Peroroca, an den sich eine wunderbare Mährchenerzählung knüpft, und dessen Schlangenwindungen und dessen Sausen und Brausen jenes Phantasiegemälde freilich von selbst erklären. —

Und Rana jauchzt und hascht hinweg die Schwimmenden.
„Und die durch's Meer gefolgt dem edlen Streiter,
Die Meerfrau jauchzt,"
heißt es in der 8. Rom. des 1. Theils ähnlich von Schilflieb,
„und, raschverstand'nen Winks,
Hascht ihr Gefolg, und taucht zu Ranas Reichen,
In's Meer hinunter, die gefallnen Leichen.
S. die Anm. zum 1. Theil, pag. 175 ff.
Oft, wenn ich in den Saal bald eines fremden Jarls ꝛc. ꝛc.
S. die Anm. zur 3. Rom. des 1. Theils pag. 157 ff.
 . . . . Wie die Himmlischen,
Wie Wanadis und Hertha von Walhalla's Höhn
ꝛc. ꝛc.
S. die Anm. zum 1. Theil pag. 187 (unter Freia), dann pag. 196 ff.
— — — Wie du da sprichst
Voll Gluth und Skaldenschwungs.
S. die Anm. zum 1. Theil, pag. 166 unter Skalden.
— — — daß der Mann, der einsam durch das Leben geht
Und keine Braut holdselig heimführt in sein Haus,
Im Schooß des Reichthums selbst mir nicht zu neiden däucht: —
Ein Knecht der Selbstsucht ist er, welchem ungepflückt
Hinwelkt die Frucht und Blüthe des Familienglücks.
 . . . „Eine That ist doch kein Kind,"
sagt auch unser herrlicher Nicolaus Lenau an einer Stelle seines „Faust" einmal:
„Du kannst ihr nicht die Locken streicheln,
Ihr nicht ins liebe Antlitz blicken
Und ihr mit süßen Namen schmeicheln,
Das warme Haupt ans Herz dir drücken.
Ich hab's erfahren: **Weib und Kind**
Das höchste Gut auf Erden sind."

Also du gibſt mir, ſchöne Hirtin, was ich da
In Händen halte?

V. die Anm. zur 19. Rom. des 1. Theils (unter „Hei, ſprach
er da und lachte, dieſer Schatz iſt mein") pag. 200 ff.

— — — Mir iſt,
Als ob es Freia wäre, Volkwangs Diſa ſelbſt.

S. die Anm. zum 1. Theil, pag. 187 ff. Das Wort Dis
(Diſa, im Plural Diſen), wie die Göttinnen der nordiſchen Mythe
auch heißen, klingt, wie ſchon anderwärts einmal bemerkt worden
iſt, in vielen Sprachen wieder.

Kann denn der Seele himmliſche Gluth erlöſchen wie
Ein irdiſch Feuer?

„Kann der Liebe ſüß Verlangen,
Emma, kann's vergänglich ſein?"

fragt Schiller in ſeinem Gedichte: „An Emma;"

„Was dahin iſt und vergangen,
Emma, kann's die Liebe ſein?
Ihrer Flamme Himmelsgluth —
Stirbt ſie wie ein irdiſch Gut?"

.... Wunderſchön erblüht
Auf rauhen Bergeshöhn der Alpenroſe Pracht
ꝛc. ꝛc.

Aehnlich heißt es in einem berühmten Gedichte unſeres Matthiſſon:

„Die Alpenroſ' auf Bernhards wilden Höhn
Glüht einſam oft an ſchwarzer Klüfte Moos,
Und ſenkt der Schönheit Purpur ungeſehn,
Vom Sturm entwurzelt, in der Fluthen Schooß."

.... Kein Klageton im Walde lockt
Zum Fischerhaus am Strande deinen Schritt zurück.

Zu jenem Fischerhaus nämlich, von dem im 18. Ges. des 1. Theiles die Rede ist:

„Dann lenkt er ins Gehege
Den Schritt im Morgenlicht,
Bis er am Waldeswege
Ein einsam Haus ersicht;" —
       ꝛc. ꝛc.

und bei welchem Helge damals die falsche Königin so glücklich überlistete.

Und hexengleich mit Trollgesang in Haß und Wuth
Verkehrte sie die süße, holde Leidenschaft.

Ueber die Macht, welche der Volksglaube im scandinavischen Norden dem Trollgesang, d. i. dem Zaubergesange der Hexen, zuschrieb, sehe man K. Simrocks mythologisches Handbuch, pag. 538 ff. der 2. A., und vgl. damit auch die Anm. zum 1. Theil des König Helge pag. 163 ff. unter Walor.

Dank's der Schwimmenden
Im dunkeln Purpurschooß der See ꝛc. ꝛc.

Schilflieb nämlich, wie wir aus der Scene zwischen ihr und Helge, sowie auch aus der 21. Rom. des 1. Theils wissen.

Da droben im azurnen Blau
Hat unterdeß der Mondenwolf sein flüchtiges,
Sein silbersicheliges Wild verfolgt wer weiß,
Wie oft schon ꝛc. ꝛc.

Nach der scandinavischen Mythologie werden nämlich die beiden Schwestergestirne der Erde, Sonn' und Mond, von zwei Wölfen verfolgt: — eine Mythe, wozu die Mond- und Sonnenfinsternisse im Allgemeinen, sowie die regelmäßigen Phasen des Mondes insbesondere Anlaß gegeben zu haben scheinen; denn der Glaube, als kämen jene Eklipsen daher, daß ein Thier von ungeheurer Größe und Wildheit das himmlische Gestirn in seinen Rachen gefaßt habe, um es zu verschlingen, kehrt, wie man weiß, bei vielen Völkern wieder, und noch nach den totalen Sonnenfinsternissen der letzten Jahre erzählten die Zeitungen, wie afrikanische Küstenbewohner an den Strand kamen, und mit Pauken und Trompeten und noch andern primitiven Instrumenten einen höllischen Lärm schlugen, um jenes Ungethüm damit zu erschrecken und davonzujagen.

„Ströll heißt der Wolf,
Der der Gottheit des Tags
Folgt in die Fluth,"

heißt es in einem Gedichte der jüngern E. Der Name des andern Wolfes ist „Mondenwolf," und von ihm heißt es in der Wölufpa, Str. 32:

„Oeſtlich ſaß die Alte
Im eiſernen Walde,
Allwo ſie erzog
Die Brut des Fenrir.
Von dieſen Wölfen
Wird einer zuletzt
Des Mondes Mörder
Uebermenſchlicher Geſtalt."

Interdum,
hätt' es in der Sprache Ovids geheißen:
Interdum quoties reparabat cornua Phoebe. —
Welches Bild ist nun das schönere, welches das maleriſchere?
Keine Gränze kenn' ich in der Heerfahrt Flug.
S. die Anm. zur 8. Rom. des 1. Theils („Als kämen Wikinger herangezogen") pag. 176 ff.
Und bei des mächt'gen Waldbrands höll'schem Feuerschein,
Womit ich meinen Vater fürchterlich gerächt.
S. den Schluß der 7. Rom. (König Frode's Tod) im 1. Theil des Gedichtes, pag. 49 ff.

.... Ha, du Herrscherin
Im Schaum der Salzfluth!

Schilflieb nämlich, der die Königin jenen furchtbaren Eid geschworen. — B. die 1. und 2. Scene.

..... Reigin! Gib mir her den Schleir,
Den prächt'gen, goldstoffblumigen, den wir in der Schlacht
In Südlands Meer dem wälschen Wikinger geraubt.

Feinere linnene und seidene Gewebe waren damals im Ganzen noch eine Seltenheit und kamen Anfangs wohl nur durch die abenteuerlichen Züge der Wikinger nach dem scandinavischen Norden; doch werden schon sehr frühe (so in den **Fornmannasögur VII.** 475 ff. und im 5. Cap. der Ragnar Lodbroks-Saga) seidene Frauenhemden erwähnt, die mit Gold gestickt waren, und von der Schwester des Norwegerkönigs O. Tryggwason wird unter Andern erzählt (**Laxdälasaga**, im 43. und 45. Cap.), daß sie dem Isländer Kjartan, den sie geliebt, bei'm Abschiede einen kostbaren weißen „Mot" (ein Art Turban) gegeben habe als Geschenk für seine Braut. Es waren in den Stoff dieses Mots, wie die Sage ausdrücklich hervorhebt, nicht weniger als acht Aure Gold hineingewoben. —

Vermählt sich denn des Frühlings frische Blume nicht
Noch manchesmal dem braunen Herbst?
2c. 2c.

„Ich weiß, sie ist jung, darum möchte die Maid
Wohl Blüthen pflücken,"

sagt König Ring von Ingeborg im 5. Ges. von Tegnérs Frithiofsage;

Doch ich schoß im Samen, der Winter schneit
Sein weißes Kleid
Mir herab schön auf Scheitel und Rücken.

Doch möchte sie lieben gerechten Mann
An Winters Gränze,
Und nähm' sie sich freundlich der Kleinen an: —
Getrost alsdann
Will ich theilen den Thron mit dem blühenden Lenze."
.... Mit des Sturms Gewalt
Weckt Wanadis die Herzen.
S. die Anm. zum 1. Theil des „König Helge," pag. 187 und 196 ff.
O mein Drott und Herr!
S. die Anm. zum 1. Theil pag. 170.
Der hohe Priester soll, ehrwürdig anzuschau'n,
Nach Odins uralttheil'gem Brauch dich mit mir trau'n.

Die Hochzeitsgebräuche bei den Skandinaviern und bei den Germanen überhaupt waren, wie schon Tacitus erwähnt, sehr einfach und zum Theil wohl asiatischen Ursprungs. In züchtigem linnenem Gewande, vom Kopf bis zum Fuß schneeweiß, das Gesicht mit einem undurchsichtigen Schleier bedeckt, am Gürtel das Symbol des wirthlichen Schlüssels, führte man die Braut in das Haus des Bräutigams. Indem der Priester ihre Lenden mit dem heiligen Schaft des Thor berührte, weihte er den Bund der Herzen, und befestigte das eheliche Gelöbniß. (Auch bei den Römern wurden durch den heiligen silex Bündnisse geweiht. J. Grimm, deutsche Mythologie, 2. A. pag. 171 ff.). Hierauf tranken Braut und Bräutigam einen Becher zusammen und das Gelage begann, wobei man zuerst des Thor, des Beschützers des Hauses und der Ehe, und dann Odins und der andern guten Gottheiten und Genien fromm und freundlich gedachte. — Wenn die Nacht kam, brachte man das Paar ins Brautgemach, und nachdem die Beiden vor Zeugen das Bett mit einander bestiegen und eine Decke sie beschlagen, war die Ehe rechtsgiltig geschlossen. — Näheres in K. Weinholds trefflichem Buche „Alt-Nordisches Leben," Leipzig und Berlin 1855, pag. 245 ff.

Zur 3. Abtheilung.

Mit zaudernder List rächen die Meerfrau'n jetzt
Den Todtschlag Ymirs
2c. 2c.

Die mythische Gestalt **Ymirs**, des ungeheueren Urweltsriesen, ist ein Bild des Chaos.

„Im Anfang waren
Die Tage Ymirs"
(heißt es in der „Wöluspa," Str. 3 ff.)
„Da war nicht Sand, nicht See,
Nicht salzige Welle;
Nirgends war Erde,
Noch Bläue des Aethers: —
Gähnender Abgrund,
Doch Gras nirgends."

Er war kein Gott, sondern ein Jette (Jothune) und böse wie sein ganzes Geschlecht, und sein Todtschlag (s. weiter unten) war daher ein Glück für die Welt und den Menschen eine „**Wohlthat himmlischer Mächte,**" die, wie es sich von selbst versteht, von vornherein den Haß und Groll der Bösen erweckte. —

Denn ehe noch Bör und Bure gelebt.

S. die Anm. weiter unten zu „**Audumbla zugleich 2c. 2c.**"

Jothunen rangen sich los von ihm.

Das Geschlecht der Jothunen, Riesen, **Thursen** und **Grimthursen**, ist in der nordischen Mythologie ein den milden, freundlichen Asagottheiten haßvoll gegenüberstehendes, und man kann sie die Titanen und Giganten der skandinavischen Kosmogonie nennen. — Sie hausen in unterirdischen Bergessälen, und von der Nacht, die nach dem hyperboräischen Glauben eine Riesin ist, heißt es in dem eddischen Gedichte „**Gylfis Täuschung**" (10): „sie sei schwarz und dunkel, wie ihr ganzes Geschlecht." — Nach

F. Stuhr sind sie eine Personification der das Licht und die Schönheit hassenden elementaren Mächte. Vgl. K. Simrocks mythologisches Handbuch, 2. A., pag. 421 ff. — Ueber den Sinn des Verses: „Jothunen rangen sich los von ihm" 2c. 2c. s. die unten folgenden Erläuterungen.

Audumbla zugleich kam an das Licht des Tags. —
Aus klarem Salzstein
Leckte sie sanft das
Gelock, dann das Haupt des Jothunen.

Zu gleicher Zeit mit Ymirs ungeheurem Riesenbild war aus der Nacht des Abgrunds auch eine riesige Kuh emporgestiegen, Namens Audhumbla, ein Bild des nährenden Prinzips, und also der Gaia Hesiods verwandt. — Audumbla beleckte die Eisblöcke, die salzig waren, und da kam denn am Abende des ersten Tages erst Menschenhaar hervor, am andern Tage das Haupt eines Mannes, und zuletzt ein ganzer Mann, der hieß Buri. Er war schön von Angesicht, groß und stark, und gewann einen Sohn, welcher Bör hieß. Der vermählte sich mit Belsta, einer Tochter des Riesen Bölthorn; da gewannen sie drei Söhne: der eine hieß Odhin, der andere Wili und der dritte We; „und das ist mein Glaube," heißt es am Schluß der Mythe, die das Obige erzählt („Gylfis Täuschung," 6. C.), „daß dieser Odhin und seine Brüder Himmel und Erde beherrschen." —

Des Lastjochs Trägerin: —
Poetische Bezeichnung für die Kuh Audumbla. — Die prosaische jüngere E. enthält ein ganzes Capitel von altisländischer Dichtkunst, worin unter Andern gelehrt wird, wie der Skalde mythologische Namen mit Hinblick auf die Mythen von denselben zu bezeichnen habe. Solche „Kenningar," d. i. dichterische Bezeichnungen durch Umschreibung, waren zum Beispiel: „Der Sohn Odins," „Miölnirs Schwinger," „der Feind der Riesen" (für den Gott Thor); „Freias Bruder," „Erndtegott" (für Freir); „Ymirs Hirnschädel," „das Land der Sterne,"

„der Helm der Erde" (für das Himmelsgewölbe); „die Heimath der Fische," „der Weg der Wikinger," „das Haus der Stürme" (für das Meer); „Aegirs Feuer," „Sifs Haar," „Freias Thränen" (für das Gold) ꝛc. ꝛc. S. Näheres darüber in K. Simrock's unübertrefflicher deutscher E., pag. 379 ff. der 3. A. vom J. 1863, und in K. Weinholds „Alt-Nordischem Leben" pag. 328 ꝛc. ꝛc.

> Doch Odins Gewalt und Wile und We,
> Die sprangen voll Harms jetzt gegen den Kämpen,
> Ach, und dem Schwert der Starken erlag der Held.

Odhin, Wili und We erschlugen den bösen Riesen, erzählt „Gylfis Täuschung" (C. 7) weiter, und erschufen aus seinem ungeheueren Körper die Welt, wie sie jetzt ist.

> In dem Blut, unzählig, gingen zu Grunde dann
> Schrecklich der Riesen Geschlechter.

Bei dem Fall Ymirs, heißt es am a. O. weiter, rann eine solche „Sinnfluth" von Blut aus seinen Wunden, daß „der Hrimthursen ganzes Geschlecht" darin umkam, bis auf einen Einzigen, Namens Bergelmir, der nebst den Seinen noch glücklich, gleich dem Erzvater Noa des a. Testaments, das Trockene gewann. Er bestieg nämlich mit seinem Weib ein Boot und kam so davon. Er ist der Stammvater der Hrimthursen.

> Bergelmir blos entfloh, und sein Weib mit ihm.

S. die vor. Anm.

> Von dem Gerippe eines gefall'nen
> Riesen erschuf dieses Geschlecht
> Prahlerisch eine kleinliche Welt.

Den Leichnam Ymirs warfen Odhin, Wili und We wieder in die Nacht des Abgrunds und schufen aus ihm die Welt: — aus seinem Blute Meer und Ströme, aus seinem Fleische die Erde, aus seinen Knochen die Gebirge, aus seinen Zähnen, Kinnbacken und zerbrochnen Gebeinen die Felsen und Klippen. Aus seinem

Schädel erschufen sie das blaue Himmelsgewölbe, und des Riesen Hirn warfen sie in die Luft und machten daraus die Wolken. So heißt es in „Grimnismal" (Str. 40 und 41):

>Aus Ymirs Fleische
>Erschufen die Erde
>Die göttlichen Drei;
>Aus seinem Blute
>Die blaue Meerfluth,
>Aus seinen Gebeinen
>Die großen Gebirge,
>Aus dem Haar die Haine,
>Aus dem Schädel das hohe
>Himmelsgewölbe.

— — — —

>Jedoch die Wolken
>Wurden aus seinem
>Hirne gewebt.

Aehnlich ist in cochinchinesischen Traditionen die Mythe, daß die Welt aus dem Körper des Riesen Banio geschaffen worden sei, indem aus seinem Schädel das Himmelsgewölbe, aus seinen beiden Augen Sonn' und Mond, aus seinem Fleisch die Erde, aus den Knochen die Gebirge und Felshöhen, und aus dem Haar die Pflanzen gemacht wurden. Vgl. E. G. Geijers schwedische Urgeschichte (übersetzt von Engelhardt) B. 1., im 8. Cap., Finn Magnusens lexicon mythologicum, und Joseph von Görres Mythengeschichte der asiatischen Welt, erschienen in Heidelberg 1810.

>Bergelmirs Kinder flohn in die Nacht
>Eilig hinein des dunkeln Geklüfts.

S. die Anm. pag. 106 und 116 ff.

>.... Doch bald
>Werden ja Surtur und werden

Deine Schrecken, o Thor, Schlange und Wolf,
Steigen empor ꝛc. ꝛc.

Ueber den furchtbaren Feuergott Surtur s. die Anm. zum 1. Theil pag. 168 ff. Schlange und Wolf sind die Midgards=schlange und der Fenriswolf, mit denen Odbin und Thor am Tage des Weltunterganges („Gylfis Täuschung," S. 51) den letzten schrecklichen Todeskampf zu kämpfen haben werden.

Wenn der weisen Fylgien klarer,
Durch die Nacht des künft'gen Geschicks
Dringender Blick mir den Weg gezeigt
Zu eines Mann's furchtbarem Fall
ꝛc. ꝛc.

Im dänischen Originale steht:

„Hver en Mands vidt skuende Norne
Har os viist Vei til hans Forbärv,"

was nicht recht im Sinn der nordischen Mythologie ist und kei=neswegs dem Bilde entspricht, welches sie von den Nornen gibt. Oehlenschläger scheint die Walküren und Fylgien, ja, ich möchte selbst sagen, die griechischen Keren vor Augen gehabt zu haben. — Ueber die von mir substituirten Fylgien s. die Anm. zum 1. Theil des König Helge, pag. 155, und ü. die Nornen und Walkyren die Anm. pag. 121 ff. und die Anm. zum 1. Theil pag. 172 ff.

Surtur gedenkt unser; darum
Denkt er an Rache, stößt seinen Qualm
Durch deine Klüfte, Hekla, mit Knall.

Also ähnlich den Kyklopen des Actna. Vgl. L. Prellers griechische Mythologie, I. B. pag. 121 und 391 ff. der 1. A.

Doch eines Tags einmal, eines furchtbarn Tags,
Bricht seine Kette der Ase,
Stürzt hervor mit des Schwerts Lohe: — das All
Stürzt in die Nacht ꝛc. ꝛc.

Der Ase ist wieder der Gott Surtur (s. die vor. Anm.), der Herr der Feuerwelt Muspelheim. — „An Muspelheims Gränzen" heißt es in „Gylfis Täuschung" (4) sitzt Surtur und bewacht mit einem feurigen Schwerte sein Reich; und die „Wöluspa" (Str. 52) sagt von ihm prophetisch:

> Surtur fährt vom Süden
> Herauf mit dem Schwert: —
> Von seiner Klinge blitzt
> Walhalla's Abglanz.
> Steinberge stürzen,

(am schrecklichen Tage des Weltunterganges nämlich),

> Riesinnen straucheln,
> Zur Hel sinken Helden,
> Es zerspringt das hohe
> Himmelsgewölbe.

Hätt' an der Brust ein Buhle geruht dir,
Wie König Frode ꝛc. ꝛc.

S. die 7. Rom. des 1. Theils:

> Sie zahlt den Lohn
> Ihm mit dem Frohn
> Des üpp'gen Leibes: —
> Im Thurm ihr Mann,
> Steht er im Bann
> Des list'gen Weibes.
> ꝛc. ꝛc.

Und stolz wohl rühm' ich mich da eines Schildungen Braut,
Wo zu Schilfliebs göttlicher Ehr'
Altäre standen am heiligen See,
Und wo in der Nacht das Feuer ihr lohte.

A S. die Anm. zum 1. Theil des Ged. pag. 155 ff. (unter Schildungen), und die 7. Rom. desselben (König Frode's Tod), wo es unter Andern heißt:

An diesem Orte,
Da wohnt die Fee
Vom Schooß der See.

— — — — — —

Denn ihr zu dienen,
Hatt' er im Hage,
Gleichwie am Tage,
So in der Nacht
Seines Amts wohl Acht.
Wenn still im Haine
Die Sterne lauschen,
Läßt er am Steine
Ihr Ströme rauschen
Vom Quell des Blutes
&c. &c.

So erwähnt auch Simrock in seinem mythologischen Handbuch (440) eine Riesin Thorgerdr Högabrudr, welcher in eigenen Tempeln blutige Opfer fielen und viel Gold und Silber dargebracht ward, sowie deren Schwester Yrpa, der die Norweger neben ihr göttliche Verehrung erwiesen.

Doch unten im höllischen Pfuhle des Abgrunds,
Im ewigen Gluthmeer, schrecklicher wie die Gluth,
Worin unrühmlich er umkam,
Da sitzt er im Saal nun Utgardalokes,
Und blickt so starr, mit Augen so blutroth,
So blaß und fahl durch die Schlangengewölbe.

Utgardaloke (in Saxos mehrfach erwähnter „historia danica" (VIII) „Utgarthilocus") ist der nämliche, an dieser Stelle als Todtengott gedachte „Loke der Nacht," von dem weiter unten nochmals die Rede ist. (S. die Anm. dazu) — „Schrecklicher wie die Gluth, worin unrühmlich er umkam" spielt auf den schmählichen Feuertod König Frodes im 1. Theile des

Gedichtes an. Ueber die schrecklichen „Schlangengewölbe" in Lokes und Helas Reich s. die Anm. zum 1. Theil pag. 167 ff.

> Doch der Loke der Nacht, er gibt mir heraus,
> Er gibt mir hieher meinen Frode heraus,
> Sobald es mir selbst mit List und Gewalt,
> Nur endlich gelingt, von dem Grün hinweg
> Der Erde zu tilgen der Schildungen Stamm
> Und ganzes Geschlecht.

Ueber Loke s. die Erläuterungen zum 1. Theil des Gedichtes pag. 180, sowie die vor. Anm. Ueber „der Schildungen Stamm und ganzes Geschlecht" s. die Anm. pag. 155 ff. zum 1. Theil, sowie die 10. Rom. („Der Gesang der Meerfrau") wo es unter Andern heißt:

> „Helge soll enden in Sturm und Gefechte!
> Nichts vom Geschlechte
> Bleibt ihm zurücke.
>
> — — — — —
>
> All seine Erben
> Stürzen und sterben!
>   ꝛc. ꝛc.

Die unerbittlichen Nornen.

Der skandinavische Norden besaß gleich dem Süden seine drei Parzen, die mächtigen Göttinnen, welche das in der Zeit sich knüpfende Loos der Lebenden im sinnlichen Bilde zur Anschauung brachten: — Nornen hieß sie der Norden. Urda, Werdandis und Skulda waren ihre Namen, d. h. Gewordne, Währende (gegenwärtig Seiende), und künftig Seiende. Nach einer sinnigen und tiefen Deutung wird Urda zum Geschlechte der vor den Göttern lebenden Riesen, Werdandis zu den jetzt herrschenden Göttern, und Skulda zu jenen Wesen gerechnet, die nach dem schrecklichen Tage des Weltuntergangs (Ragnarökr) noch übrig bleiben werden. Dem Schluß der Nornen sind Götter und Menschen gleichmäßig unterworfen; sie vertreten demnach in gewissem Sinn das Fatum des griechischen und römischen Alterthums. Auf goldene Schilde schreiben sie das Loos der Geborenen im Himmel und auf Erden. — Sie werden in mehreren, und zwar den wichtigsten Gesängen der ä. E. erwähnt, wie in der Wöluspa, dem Gedichte von Wafthrudnir ꝛc. ꝛc.; am anschaulichsten geschildert werden sie jedoch in einem Gedichte der jüngern E., in „Gylfis Täuschung," und im 1. Lied der ä. E. von Helge dem Hundingstödter (Helgaqvida Hundingsbana), worauf ich einfach hinweisen will. Es ist indeß in unserm Gedichte mehrfach auch an die den Nornen so nahe verwandten Walküren der nordischen Mythe zu denken, von denen die freilich ungleich jüngere Nialssaga eine so schauerliche Schilderung enthält. Da sitzt ein gräßlicher Chor von Walküren in einem Gemache und ist mit einem Gewebe beschäftigt: — als Gewichtsteine dienen Menschenhäupter, Gedärme dienen als Einschlag, ein Schwert statt des Schlagbretts, und ein Pfeil statt des Kammes: — und dabei singen sie einen Gesang mit dem Kehrreim: „winden und weben, weben und winden wir das Gewebe der Schlacht!" — Zuletzt zerreissen sie das Gewebe und jede behält ihr Stück in der Hand, dann besteigen sie die Rosse und reiten davon. —

Königsdrache, d. i. das Drachschiff König Helges. S. die Anm. zum 1. Theil des Ged. pag. 154 ff.: —

„Der prächt'ge goldne Drache schwamm durch die Woge blau
Zum Schloß im Wald der Sachsen,"

heißt es in der 14. Rom. des 1. Theils.

Schildungenenkel.

S. die Anm. zum 1. Theil des König Helge, pag. 155 ff. (unter Schildungen).

Geschmückt von Lokes
Und Helas Händen.

S. die Anm. zum 1. Theil des Ged. pag. 158 ff und 180.

Nein, ihr im Kleid von Schnee, ihr ew'gen Schicksalsfrau'n,
Die ihr da sitzt am Quell der Zeiten, stumm und starr
Und regungslos hinunterblickend in die Fluth,
Davor erschreckt ihr selbst! — Ein solches Graungeschick
Webt in dem Sturm der Nächte nicht die hohe Skuld
Am Webestuhl der Zukunft.
    S. die Anm. pag. 121 ff. (unter „Die unerbittlichen
Nornen").
    Ja, sie ist mein, den Treueschwur vernahm schon Lofn,
Getrunken ist bereits der Becher Asathors.
    S. die Anm. zur „Yrsa," pag. 113 ff. Ueber die den Lie=
benden holde Lofn (wie K. Simrock in seinem mythologischen
Handbuch, pag. 418 ff. der 2. A. richtig bemerkt, ist der Name
sehr wahrscheinlich verwandt mit dem englischen love) s. die Anm.
zum 1. Theil des Ged. pag. 187 ff. (unter Freia).
    O erlöscht, erlöscht da droben, ewige Himmelslampen ihr,
Decke dich mit Nacht, du Erde ꝛc. ꝛc.
    Vgl. den Schluß des 3. Akts von E. Geibels „Brunhild":
„Brich herein denn, Götterdämm'rung, und durch Rauch und
                    Trümmerfall
Stürmt empor, ihr Abgrundsriesen! Stieb' in Asche, Sonnenball!
Nacht, uralte, ström' in Wogen, schwarz und uferlos, herauf,
Nimm in deine tiefsten Tiefen mich und meinen Jammer auf!"
    Traun, die Königin der Frauen, Hertha.
    Hertha, ein Beiname der Gemahlin Odins, der von Schön=
heit strahlenden, majestätischen Fria (auch Frigg): — sie ist die
nordische Juno, und sonach die Königin unter den Göttinnen. Mit
dem klaren, himmlisch blauen Auge durchblickt sie jegliches Ge=
heimniß, es im verschwiegnen Herzen bewahrend; sie versteht die
Sprache der Thiere und das Rauschen der Bäume. Sie ist die
Schutzgöttin der Sterblichen und wird unter dem Namen Hertha
als Sinnbild der Menschenernährenden Erde verehrt. Sie sitzt

mit Alvater, dem allmächtig hohen Gemahl, auf dem die Welt überschauenden Throne Hlidskjalf, und bespricht mit ihm in weisen Gesprächen das Wohl und Wehe der Menschen.

Ueber die Feier des heiligen Herthadiensts in Deutschland 2c. erzählte schon Tacitus in seinem bewundernswerthen Buche von „Germanien" (Germania, Cap. XLI) den Römern seiner Zeit folgende Geschichte: „Auf einer Insel des Meeres ist ein heiliger Hain, und darin steht ein geweihter, mit einem Teppiche verhangner Prachtwagen, welchem nur ein Druide sich nähern darf. Dieser merkt, wenn die Göttin von den himmlischen Wohnungen herabsteigt, und folgt dem mit schneeweißen Kühen bespannten Wagen in tiefer Ehrfurcht durch das Land. Dann sind die Tage fröhlich und die Orte festlich, wo sie hält und einkehrt. Dann ziehen die Männer in keine Schlacht, und rühren weder Schild noch Speer an; verschlossen ruht Erz und Eisen. Von Frieden und Ruhe nur weiß, Frieden und Ruhe nur will und schätzt man dann; bis der Druide die des Umgangs mit den Sterblichen sattgewordene Göttin wieder nach dem Heiligthum zurückführt. — Darauf baden sie Wagen und Teppiche, und, — wenn man es glauben will, auch die Gottheit in einem dunkeln See. Sklaven dienen hiebei, welche dann jedesmal sogleich dieselbe schwarze Fluth verschlingt. Daher ein geheimnißvolles Grauen im Volke, und ein heilig schauerliches Dunkel, was das wohl sein möge, das nur Denen, die dem sichern Tode geweiht sind, zu schauen erlaubt ist." —

Auf der Insel Seeland, diesem wunderschönen Eilande, das noch jetzt der Sitz der dänischen Könige ist, gibt es ein Thal, das den Namen Herthathal führt, und woselbst eine wahrscheinlich zur Bergung des heiligen Rindergespannes durch den Felsen hindurchgebohrte Höhle zu sehen ist — und nahe daran rauscht auch noch der geheimnißvolle See. Indeß auch auf der Insel Rügen zeigt man noch einen solchen heiligen Hain mit einem trüben See, mit Druidensteinen und andern, in weiten Kreisen umhergestreuten Mauerresten, die Gras und Moos umwuchern. Da sich nun außerdem auch noch auf andern Inseln der Nord- und Ostsee mannigfache Spuren des Herthadienſts finden, ſo dürfen wir daraus wohl mit Recht ſchließen, daß die religiöſe Feier gerade dieſer Gottheit bei den altgermaniſchen Völkern eine beſonders heilige und eigenthümlich nationale geweſen ſein muß.

Gleich jungem Julmeth.

„Bei'm Julfeſtmeth zu Throne ſaß Ring im Kämpenkreis," heißt es im 17. Geſ. von Tegnérs Frithiofsſage, und die 5. Rom. des 1. Theils unſeres Gedichtes hebt mit den Worten an:

„Im Saal ſitzt Frode zur Jultagszeit,
Die Wälder ſchlafen im Winterkleid.

Schon rührt ſich der ſchäumende Meth im Faß:
Wie werden die Kämpen da zechen baß!"

Hauptſächlich zur Julzeit (ſ. die Anm. zum 1. Theil pag. 160 ff.) ſott man nämlich den neuen Meth, und wie Sturleſon im 14. Cap. ſeiner „Heimskringla" erzählt, ertrank ſchon in ſehr früher Zeit ein wackerer Zecher aus dem Haus der Ynglinger in einer Methkufe. —

Bei'm Gelag im Glück des Rauſches ſchnitt ich dir die Locken ab.
S. die 14. Rom. des 1. Theils: „König Helges Brautfahrt."

O, nicht ich bin deine böſe Fylgie.
S. die Anm. zum 1. Theil des Ged. pag. 155 ff.

Da erbarmten ſich die Mächte Helheims endlich meiner Qual.

Schilflieb nämlich und ihre Meerfrauen. — Ueber Hela und Helheim ſ. die Anm. zum 1. Theil des Ged. pag. 158 ff.

Sie erhitzte meinen Haß,
Goß mir Gift ins Ohr und hetzte meine Rachluſt zur Wuth.

.... „Wennem der Vizli Buzli,"

heißt es in J. P. Hebel's berühmtem alemannischen Gedichte vom „Karfunkel,"

..... „wieder d' Ohre striicht und Gallen ins Blut mischt."

Nastrands Schlangensaal.

S. die Anm. zum 1. Theil des Ged. pag. 167 und 168 (unter Nastrand).

O du, welcher da allmächtig wohnt im Licht in Walaskjalf, Ewiger ꝛc. ꝛc.

S. die Anm. zum 1. Theil des Ged. pag. 156 und 157. — Walaskjalf ist nach der 17. Dämisaga (Gylfis Täuschung) der Saal Odins.

Siegervater (richtiger gesagt Siegesvater), nach dem endlosen Register in „Gylfis Täuschung" (20) einer der vielen Beinamen Odins. — S. die Anm. zum 1. Theil des „König Helge" pag. 156 ff.

Trügerische, falsche Fylgien.

S. die Anm. zum 1. Theil des König Helge, pag. 155.

Doch ich weiß es, deinen Achtfuß schickst du zu dem letzten Ritt Freundlich mir herab ꝛc. ꝛc.

„Sleipnir heißt das Roß Odins." heißt es in der 15. Dämisaga (Gylfis Täuschung); es ist das beste und hat acht Füße." — Vgl. auch die Anm. pag. 135. (Ueber die siebenfarbige Himmelsbrücke ꝛc. ꝛc.).

Bis hinauf zu Odins Throne, zur Einherierschaar hinauf.

S. die Anm. zum 1. Theil des Ged. pag. 156 ff. Ueber die ungeheuere „Schaar der Einherier," d. i. der seligen Kämpen in Walhalla, s. die eddischen Gedichte „Grimnismal" und „Gylfis Täuschung" (38 und 39).

.... Von der Nacht des Todtenlands, Wo bereits von weichen Schlangen Hela dir das Bett gemacht.

S. die Anm. zum 1. Theile des Ged. pag. 158 ff. und 167 ff.

Balder in Walhalla.

Balder, der Gott des Lichts und des Guten, ist der Sohn Odins und Frigg's. Er war der beste der Götter und „von jedem Wesen geliebt"; er bewohnte vormals die strahlende Wohnung des Lichts und der Schönheit, die lichteste der Burgen, Breidablick, er selbst schon strahlend von Licht und Glanz und Schönheit. Doch leider erlag gerade der beste Ase der Nacht und dem Tode. Die Mythe von seinem Fall ist eine der schönsten der ganzen nordischen Sage. — In Frieden herrschte der Gott in seiner strahlenden Breidablick mit Nanna, der treuen Gemahlin, und seinem richtenden Sohne Forsete. Da hingen sich eines Nachts schwarze Traumbilder an seine Sele, die ihm Gefahr zu drohen schienen. Er theilte sie den andern Gottheiten im Rathe mit und fragte sie, was wohl zu thun wäre zur Abwehr eines ihm wahrscheinlich dräuenden Unglücks. Jedoch nur die Juno des Nordens, **Frigg,** der jedes Geheimniß klar war, wußte einen Rath. Sie zog nämlich hinaus in die Welt, und, den ganzen Erdkreis umwandernd, nahm sie einem jeden geschaffnen Wesen einzeln einen Eidschwur ab, dem lieben Sohn nicht zu schaden; nur ein einziges Bäumlein übersah sie, die heilige Mistel der Druiden, und das brachte den Gott zum Fall. Denn der Widersacher der Ewigen und der Menschen, Loke, sah's und nahm es zu Gemüth. Als nämlich die Zwölfe in Walhalla beim Kampfspiel nach dem unverwundbaren Balder mit dem Speer warfen, gab der Gott dem blinden **Höder** jenes übergangene Bäumlein als Speer in die Hand und lud ihn ein, auch einmal nach seinem leuchtenden Bruder zu werfen. Der Blinde that es in seiner Unschuld, dem bösen Feinde zur Lust, und der holde Liebling der Ewigen war des Tods. Sprachloser Schmerz ergriff den ganzen Olympus des Nordens, denn wie Tegnér an einer Stelle des 24. Ges. der Frithiofssage so schön sagt, „zerrissen war das goldene Band, welches den Blumenkranz Walhallas zusammen hielt." — Von der Zeit an herrschen der Zufall und das Böse in der Welt. — Ueber Balders

Tod und Fall und den tiefen Sinn des Mythus s. übrigens das Gedicht Gylfis Täuschung (S. 49 ff.) und K. Simrocks mythologisches Handbuch, pag. 79 ff. der 2. A.

..... Hinaus darum!
Wiederum hinaus in's Blaue! 2c. 2c.

Eine nicht unabsichtliche Nachahmung dieser prächtigen Stelle dürfte der Schluß des 19. Gesanges von Tegnérs Frithiofssage sein, wo es heißt:

„D'rum hinaus zu meinen Wogen! Eia, zeuch, mein Drache gut!
Bade deine schwarzen Brüste wieder in dem Salz der Fluth!
Hebe wolkenhoch die Flügel, während Schaum das Ruder schlägt,
Fleug, so weit dich Sterne leiten, dich die Welle folgsam trägt!

Laß des Sturms Geheul mich hören, Hall des Donners macht mir Lust!
Wann der Sturm tobt und die Seeschlacht, dann ist's still in Frithiofs Brust.
Klang der Schilde, Pfeilehagel, Alter, — daß das Meer erdröhnt!
Heiter fall' ich dann und schwinge nach Walhalla mich versöhnt."

— — — — — den schwarzen Meerschwan.
Sein Schiff nämlich.

„Und lustig schleißet sein schwarzer Schwan
Dahin die Fläche der Spiegelbahn,"

heißt es im 12. Gesange von Tegnérs Frithiofssage. — S. die Anm. zum 1. Theil des König Helge pag. 154 ff. (unter Drache, Drachschiff).

.... Kämpen von der Orkenei.

Von der „Orkenei," d. i. von den Orkneys, dem schon aus Ossian berühmten Archipelagus von Inseln im Norden von Schottland. — Eine Geschichte der Orkneys, welche zu Ende des 9. Jahrhunderts von den Norwegern besetzt wurden und unter

der Herrschaft von tributpflichtigen Jarlen standen, enthält das nach der altisländischen „Orkneyingasaga" bearbeitete Buch von Thormod Torfäus: „Orcades s. rerum Orcadensium libri III., Hafniae, 1697."
...... dem freundlichen Aegir dank's.
S. die Anm. zum 1. Theil des Ged. pag. 183 ff. sowie pag. 175 ff. (unter Rana). —

In's Auge blick' ich ruhig jetzt der Hela selbst.
„Nicht beb' ich, wenn selbst Thor mir nahe wäre,
In's Auge kann ich keck der Hela schau'n,"
heißt es in Tegnérs Frithiofssage einmal.
Von Yggdrasil die Hohe, Strenge, Schreckliche?
Die Norne nämlich. — S. die Anm. pag. 121. — Nach der „Wöluspa" (Str. 20) und nach „Gylfis Täuschung" (17) haben die Nornen ihre „heilige Wohnstatt" an Urdas Quelle unter den Zweigen der Weltesche Yggdrasil. — Vgl. die Anm. zum 1. Theile des Gedichtes pag. 169 ff. (unter „Der Esche Krone" 2c. 2c.).

Sikiló (Sikilei), der skandinavische Name für Sicilien (bei den a. Griechen Sikelia). Auch Tegnérs Frithiofssage erwähnt die schon von den Wikingern jener Tage oft besuchte Insel:
„O schau, im Becher sprudelnd,
Die Rebe Sikilei's!
Gleichwie in Gründen, strudelnd,
Die Woge siedet heiß."
... marmorblaß zu schauen, wie die Jungfrau'nlei.

Möensklint (Jungfraunwand), ein senkrecht in die See hinausragendes hohes Vorgebirg der dänischen Kreideinsel Mön, südöstlich von der Insel Seeland gelegen, ist in der dänischen Sage und Poesie nicht minder berühmt, als unsere rheinische Lorelei und der Drachenfels.

Orsa.

Im 3. Theil des „König Helge," im 1. Capitel der prosaischen „Hroars-Saga" heißt es von ihr:

„Am andern Morgen erwachte Yrſa ſchon ſehr frühe, und da bot ſich denn dem Auge der unglücklichen jungen Königin ein gar herrliches Schauspiel dar; denn gerade als ſie an dem majeſtätiſchen Felſengeſtade der **Jungfraueninſel** vorüberfuhren, hob ſich der prächtige Stern des Tages gleich einem purpurrothen Feuerball aus dem Meer herauf. Da nahm ein junger Skalde, Namens **Hrane**, der ſich auch mit auf dem Schiff befand, ſein Saitenſpiel hervor, und hub, während im mächtigen Thierhorn der Morgentrunk im Kreis der Kämpen herumging, folgenden Geſang an:

Auf! Im Geſange geprieſen ſei
Dänemarks liebliche Lorelei!
Seht ihr ſie dorten, die Braut der See?
Seht ihr der Brüſte marmornen Schnee?
Stolzen Haupts in das Meer hinaus
Blickt ſie im kühlenden Sturmgebraus,
Hoch und herrlich und wunderbar
Glänzt ihr der Scheitel, ſo hell und klar,
Seht, und der Füße felſigen Ranft
Küßt ihr die ſchäumende Welle ſanft.
Welcher Fels unter Norwegs Höhn
Gleicht wohl der däniſchen Lurlei ſchön?
Licht iſt der Stein, und die Fluth iſt blau,
Droben gibt ſich der Wald zur Schau: —
Eia, wie lieblich im Morgenglanz
Lächelt die Jungfrau im Buchenkranz!

. . . Ich bin die Diſa, die die Welt erhält.

S. die Anm. zum 1. Theil pag. 187 ff. und zum 2. Theil pag. 109 ff.

Hel. S. die Anm. zum 1. Theil pag. 158 ff.

Der Sohn, den du in deinem reinen Schooß empfängst,
Gereicht einmal zum Ruhme dir, und nicht nur dir,
Dem ganzen Inselvolk des schönen Dänenlands.
— — — — Hrolf Krake soll sein Name sein.

Es ist der nämliche König Hrolf, von dem es im 1. Theil unseres Gedichtes, am Schluß der 8. Rom. heißt:

„Erst, wenn einmal im Schilde
Ein König führt, die Sanftmuth und die Kraft"
(s. die Anm. zu dieser Stelle pag. 160 des 1. Theils),

und von dem schon im 44. Capitel der eddischen „Skalda" ausdrücklich gesagt wird, daß unter den Königen der Vorzeit „keiner berühmter, keiner kühner und unerschrockener, und dabei zugleicher Zeit milder und freundlicher gewesen sei." — Wie schon einmal erwähnt, hat A. Oehlenschläger auch ihn und sein tragisches Geschick in einem eigenen epischen Gedichte behandelt:

...... seinem Heoroth.

Heoroth war nach der schon in den Anm. zum 1. Theil des Ged. mehrmals (pag. 152 ff.) erwähnten angelsächsischen Beowulfsdrapa der Name des berühmten Königssaals in Rothschild. S. darüber die Monographie von M. Heyne: „Ueber den Königssaal Heoroth im angelsächsischen Beowulfsdrapa. Paderborn, Schöningh's Verlag, 1864.

Wo ist dein Drott?
S. die Anm. zum 1. Theil des König Helge pag. 170 ff.

Odins Saal.
S. die Anm. zum 1. Theil pag. 156 und 157.

Mit ihm durchpflügte Frode schon den Schaum der See,
Als er an Wifils Inselstrand voll Eifer sprang,
Die Knaben zu ermorden ꝛc. ꝛc.
Vgl. die 1., die 14., und die 17. Rom. des 1. Theils.

9*

Er ritt wie die Erscheinung, wie die nächtliche,
Des in der Schlacht erschlagnen Kämpen durch die Au.

Vgl. Amadeus Atterbom's prächtiges, der eddischen Helga=
qviđa III. nachgesungenes Gedicht „Helge och Sigrun" im 2. B.
seiner „Svenska Siare och Skalder" pag. 28 ff., wo es unter
Andern heißt:

   „Är det aveksyn,
   Som jag skönjer?
   Eller stundar
   Surturs brand?
   Rida dödmän
   Sporra hästar?
   Ha Einheriar
   Nu fatt hemlof?

— — — —

  Helges välnad.
  Tid det är att rida
  Röda vägar,
  Låta trafvarn bleka
  Trampa luftens stig."

— — — —

Abwechselnd mit dem Schnee des sternenklaren Juls.

S. die Anm. zum 1. Theil des König Helge pag. 160 ff.
(unter „Jultageszeit, Julzeit"). —

   . . . Damit mich Surtur feindlich nicht
Verfolgt mit seinem Schwert.

Ueber den schrecklichen Gott Surtur s. die Anm. zum 1. Theile
des Gedichtes pag. 163 ff. (unter „Die rothen Drachen von
Surturs Brut".)

   . . . Den goldnen Königskranz,
 Der Skjolds und Mykilatis heilige Schläfe schon
 Geschmückt.

Ueber den König Stjold (wovon Stjoldungen, Schil=
bungen) und den mythischen Stammvater der Dänen, Dan hinn
Mikilati (D. i. Dan der Prächtige, **magnificus, fastuo-
sus**) s. die Anm. zum 1. Theil des „König Helge," pag. 155
ff. und 170 (unter: „Der jungen Blüthe vom Stamm des
Dann").

... Dem König stand der Sinn darnach,
Lebend'gen Leibs zu reiten zum Einheriersaal.

So wenigstens erzählt der dänische Skalde das Ende König
Helges. — Der altisländischen Sage nach stirbt er im Kampfe
mit seinen Feinden, und nach Saxo, im 2. Buch seines berühmten
Werkes, stürzt er sich wie König Saul selbst in sein Schwert.
— Was den so schön und poetisch geschilderten Heunenhügel, so=
wie die Art anbelangt, wie Helge sich darin lebendig und hoch zu
Roß einmauern läßt, so weiß wohl jeder Sagenkundige, daß die
Könige und Helden des skandinavischen Nordens sehr häufig auf
einem Stuhle sitzend, manchmal auch auf irgend einem Lieblings-
roß reitend, begraben wurden. — Schwert, Schild und Speer,
womit sich der Held vormals Ruhm und ein unsterbliches Andenken
im Volke gewann, und zuweilen sogar seine Lieblingssklaven, wur=
den nach uraltasiatischem Gebrauche zugleich mit dem Leichnam
des Gebieters in die Gruft des gewöhnlich ins Meer hinausschauen=
den Grabhügels gesetzt. — „Seitdem jedoch Dan der Prächtige
(**Danr enn Mikilati**)," heißt es in der Vorrede von Sturlesons
„Heimskringla," „der Dänen König, sich einen Hügel machen
ließ und gebot, ihn dahin zu bringen mit Königstaat und Schild
und Wehr, sowie auch seinen Hengst und anderes reiches Gut,
thaten auch Andere von seinem Geschlechte später so, und damit
hob das Hügelalter in Dänemark an." Platens prächtige Ballade
von dem Begräbniß des Königs Alarich, dem die Gothen im
Bette eines Stroms das Heldengrab höhlten, und ihn darauf zu
Pferde, in seiner Rüstung, „ihn und seine stolze Habe" darin
begruben, ist gewiß Jedermann im Gedächtniß. — Doch selbst im

tiefen Süden unten, im indischen Ocean, finden wir noch in neuester Zeit den nämlichen Gebrauch. So erzählt ein berühmter englischer Reisender, J. Wilmingston, der vor ein paar Jahren von seinen Seereisen nach Schottland zurückkam, und sie in zwei starken Bänden beschrieb, daß noch Rabana, der letzte König, ich weiß nicht mehr von welcher Insel des indischen Oceans, **mit seinem ganzen Vorrath von Kleidungsstücken und seinem ganzen Hausgeräth beerdigt worden sei, unter welchem sich unter andern auch sechs Skelette von den Lieblingspferden des Königs befanden, die man eigens zu diesem Zwecke tödtete.** —

Königen, Jarlen und berühmten Helden „Hügel zu wölben," befiehlt schon ein Gesetz Odins (Ynglingasaga, Kap. 8). — **Bautasteine, d. i. Grabsteine zum Gedächtniß im Kampfe erschlagner Kämpen,** gibt es in Dänemark, Schweden und Norwegen noch jetzt genug, und sie sind gewöhnlich mit Runen vollgeritzt, die der Nachwelt sagen, welcher Held da ruht, unter welchem Könige er gelebt hat ꝛc. ꝛc.

In Ossians Gedichten (und die kaledonischen Heldenjünglinge von Morwen kamen mit den Söhnen Lochlins, d. i. Skandinaviens, sehr oft in Berührung) ist von vielen solchen Gedächtnißsteinen und Malen die Rede. So in dem schönen Gedichte „Karthon" (die Gedichte von Ossian, dem Sohne Fingals, übersetzt von Friedrich Leopold Grafen zu Stolberg), wo es unter Anderm heißt: **„Siehst, o Malwina, du nicht den Felsen da drüben mit dem moosbewachsenen Haupt?** — Drei steingraue Fichten neigen sich müde herab von seiner Stirne, zu seinen Füßen dehnt sich die schmale Ebene hin, da blüht die Blume des Gebirges ꝛc. ꝛc. **Zwei halb eingesunkene Steine zeigen dir ihr moosiges Antlitz. Da liegen die Starken der Vorzeit, o Malwina."** —

— — — So in den „Gesängen von Selma," wo das Grab eines Helden mit den Worten beschrieben wird: „O du, der du so stolz dich erhobst in vorigen Tagen, ein paar Steine, mit Moos bewachsen, sind nun ein Denkmal von dir, und ein einziger niederhängender Baum und hohes, im Wehen des Windes

raschelndes Gras bezeichnen dem Auge des Jägers des starken Mo=
rar einsames Grab." — Wie ferner solche Erinnerungssteine unter
manchen Druidenceremonien und unter Gesang der Barden gesetzt
wurden, erzählt das Gedicht „Kolnadona" (nach der erwähnten
deutschen Nachdichtung, B. I. pag. 136 ff). — Näheres darüber in
E. G. Geijer's „schwedischer Geschichte" (des größern Werkes
B. I), worin den Runsteinen des skandinavischen Nordens ein ei=
gener, höchst interessanter Abschnitt gewidmet ist.

Bjarkemal, d. i. Bjarkis Gesang, ein schon zu Ende des
10. Jahrhunderts im ganzen Norden berühmtes Gedicht, von dem
leider nur noch einzelne Bruchstücke übrig geblieben sind: — an
unserer Stelle freilich eine Art Anachronismus, da es in der
schon mehrfach erwähnten altisländischen „Hrolf Krakes Saga"
dem Bodwar Bjarke in den Mund gelegt wird, einem Kämpen
und Gefährten Hrolf Krakes, also eines Sohnes von König Helge.
— Saxo hat es ins Lateinische übersetzt (Saxonis Grammatici
historia danica, herausgegeben von P. E. Müller, B. II. pag. 90
ff.) und unser herrlicher Herder in seinen Stimmen der Völker
theilt es in deutscher Sprache mit. — Eine unübertreffliche Nach=
dichtung des Bjarkemals enthält unter Andern das schon erwähnte
epische Gedicht „König Hrolf Krake" von A. Oehlenschlä=
ger, von der wir hiemit blos die eine herrliche und in der That
unübersetzbare Strophe mittheilen wollen:

   Hvad er vel Livet? — Et Pust i Sivet,
     Som synker ned;
   Et Spil af Kräfter, som higer efter
     En Evighed.
   Til Evigheden saa morgenröd
   Gaaer Vei herneden kun gjennem Död.

  Ueber die siebenfarbige Himmelsbrücke sprengt
 Der Held nunmehr den Pforten von Walhalla zu.

Die „siebenfarbige Himmelsbrücke," die Brücke nach Walhalla,
ist der Regenbogen. Ihr mythologischer Name ist „Bifrosts

Brücke" (buchstäblich übersetzt die Brücke der schwankenden Weg=
strecke, Rast), und nach Gylfis Täuschung reiten die Himmlischen
darüber zur Erde, und nach der Heroenmuthe die Könige und Hel=
den nach dem Tode darüber nach Walhalla. — Vgl. den XXI. Ges.
der Tegnér'schen Frithiofssage. Eine anmuthige Schilderung der
schönen Regenbogenbrücke gibt A. Oehlenschläger im 1. Gesange
seiner „Nordens Guder," wo er von Thors Fahrt nach Jo=
thunheim erzählt:

Die hochgeschwungene Brücke hinab fuhr Asa=Thor,
Hell quoll's da in den Spuren wie Rosenglanz hervor.
Gott Heimdall bot den Gruß ihm mit seines Hornes Schall,
Ihm boten Gruß die Huldinnen, die sieben Farben all."

   Lebt wohl, ihr klipp'gen,
   Grünen Gestade,
   Wo schnee'gen Schaumes
   Die Fluth emporspritzt!

Vgl. die schönen Schlußstrophen im 14. Gesang von Tegnérs
Frithiofssage, sowie die Erläuterungen dazu pag. 224 ff. der 4. A.
meiner Nachdichtung, Berlin, Sigismund Wolff's Verlag, 1869.

   Blumig nun winkt mir
   Die Insel der Hertha.

S. die Anm. zum 1. Theil des Ged. pag. 179 ff. und den
Schluß der schönen Romanze: „Aegirs Gesang im Morgen=
roth," wo es heißt:

Doch winken durch die Weiten
Im Glanz der Morgenperlen
Mir meines Seelands Erlen,
Und glänzt mir Seelands Buchengrün
So wundervoll im Frührothglühn,
Dann steht mein Sinn
Nach Seeland hin.
Nach Herthas grünem Throne.
     2c. 2c.

Welcher ihn lächelnd
Setzt auf die Kniee.

Das h., der ihn als seinen Sohn adoptirt. Der Adoptivvater setzte nämlich nach germanischem Gebrauche das Kind auf seinen Schooß, auf seine Kniee, und bedeckte es mit dem Mantel. — S. Simrods mythologisches Handbuch, 2. A. pag. 552 ff.

Seine stolze, thürmige Stadt.

Rothschild nämlich, „die Stadt, die herrliche und neue." — S. die 8. Rom. des 1. Theils.

Die Quelle des Mimer.

Vgl. die 8. Rom. des 1. Theils:

— — — — — — — — — —

„Denn oftmals kam er zu der heiligen Quelle,
Wo an der Esche Stamm Gott Mimer wacht.
Der Quell, er springt wie damals klar und helle,
Doch damals quoll er in des Haines Nacht."
S. auch die Anm. zu dieser Stelle pag. 173 ff. daselbst.

Zwei Lichtelfen werden
Mir stehen zur Seiten.

Elfen (Elben), die gewiß Jedermann aus den Mährchen der Brüder Grimm, und wohl schon von Musäus und dem poesiereichsten Mährchen der Welt, der Fabel des Shakespearischen „Sommernachtstraumes" her erinnerlichen Genien des Lichts und der Finsterniß, die daher auch bald Lichtelfen, bald Schwarzelfen heißen; für welche letztern wir freilich im Deutschen das bezeichnendere Wort „böse Kobolde" haben. — Vgl. K. Simrods mythologisches Handbuch, § 124 der 2. A.

Werden den Kleinen
Taufen im Quelle.

Neugeborene Kinder zu taufen, war schon in grauer Vorzeit im Norden Gebrauch. In Odins Runenlied und im Grogaldr,

zwei längeren Gedichten der ältern E., ist es erwähnt, und
in der letzten Rom. des 1. Theils ("Olufs Zuflucht und W
derkehr") heißt es in Bezug auf Yrsa:

"Die Nixen baden in der Fluth
Und taufen die Geborne;
Graunvoll benetzt das Walfischblut
Die Wuth- und Haß-Erkorne.
Man weiß des Kindes Namen nicht: —
„Ei, tauft sie Yrsa!" lacht und spricht
Die Kön'gin spött'schen Mundes
2c. 2c.

. . . . . und mit dem Glanze
Ewigen Nachruhms
Wird er im Tode
Tilgen das Brandmal
Seiner Geburt.

V. die Stelle im 2. Buch von Saro's "Historia danica
wo es heißt: . . . . . . "genitus ex Ursa Rolfo ortus sui in
miam conspicuis probitatis operibus redemit."

Die ferneren Schicksale Yrsa's und Hroars erzählt,
schon am Schluß des 1. Theils bemerkt worden ist, der 3. T
des "König Helge," die schon von Oehlenschläger selbst he
herausgegebene, den Ton und Styl der Isländer wundervoll wie
spiegelnde und mit Liedern und Romanzen reich durchwebte "Kö
Hroars-Saga," die der "Yrsa," so Gott will und B
freundlich gewogen bleibt, auf dem Fuße folgen wird.

Druck von J. Drägers Buchdruckerei (G. Feicht).